中公新書 2363

黒田龍之助著

外国語を学ぶための 言語学の考え方

中央公論新社刊

はじめに――外国語学習は料理である

常日頃より考えているのだが、外国語学習は料理に似ている。料理に必要なものといえば食材と調理法。言語の場合はそれが語彙《ごい》と文法に相当する。おいしい料理は、豊富な食材と巧みな調理法の両方が揃《そろ》ってはじめてでき上がる。外国語を操るときも同様で、豊富な語彙と巧みな文法が一つとなったとき、豊かな表現が生まれるのである。

ということで、外国語学習者は語彙と文法の両方を追い求めなければならない。語彙の足りない外国語は、食材が限られている料理のようなもの。目玉焼き、オムレツ、ゆで卵、茶碗蒸《ちゃわんむ》しなどなど、どんなに調理法を替えたところで、卵料理ばかりでは飽きてしまう。一方で、いくら語彙が豊富であっても文法がお粗末な外国語は、いろんな種類の野菜を使っているけど結局はどれもサラダじゃん、といったところか。

つまり、両方をバランスよく身につけることが大切なんだね。

この比喩《ひゆ》は大学生にもピンとくるらしい。某外語大学で非常勤講師をしているのだが、こんな譬《たと》え話をしてみたら、とても気に入ってもらえた。外国語に真剣に取り組んでいるからこそ、納得したのかもしれない。

ある学生は、こんな感想を寄せてくれた。

「最近一人暮らしを始めて、調味料を揃えたのですが、使い方が分かりません。専攻のスペイン語と同じだなと感じました」

なるほど、調味料か。語彙はすべてが食材ではなく、たとえばヨーロッパ系言語の前置詞や接続詞のような、それだけではもの足りないけれど上手に使えば効果絶大な品詞は、むしろ調味料と考えたほうがいいかもしれない。食材と調理法に加え、さらにスパイスが絶妙に組み合わされたとき、おいしい料理ができ上がる。なるほど。学生からすばらしいヒントをもらった。

だが外国語学習には、別のスパイスがある。

言語学である。

言語学は学問分野の一つであり、外国語学習のために存在するのではない。だがそのなかには、ことばを学ぶためのヒントがいろいろ含まれている。そこで外国語学習のヒントとなりそうな話題を選んで、これまで言語学の入門書を書いてきた。

当然のことながら、わたしの採り上げる話題は言語学の一部にすぎないし、分野によってはまったく接点がないこともありうる。だがどんな言語学入門書でもすべてを網羅しているわけではない。それぞれが自分の視点から自分の考えを語る、それで構わないではないか。そんなふうに考えていた。

ところが最近、その気持ちが揺らいできたのである。

ひょっとすると、わたしの言語学は誤解を招いていたのかもしれない。

大学で教えていると、最近は拙著を読んで言語学を目指すことにしたという学生に出会うことが珍しくなくなった。まだ何も知らないピカピカの大学一年生にかぎって、言語学を専門的に学びたいという。はじめのうちは、はあ、そうですか、でもまあ外国語学部に所属しているのだから具体的な外国語を学んでいるわけだし、だったら拙著から得た知識をもとにまずは専攻語のほうを頑張って、できれば他にもいくつか外国語を学んで、そのうえで言語学を学びたいのであれば、それもいいかなと考えていた。

ところが、なかなかそうはいかないのである。

言語学を目指す学生は、どうやらわたしの目論見《もくろみ》に反して、言語学そのものにしか興味を持たないようなのだ。外国語を学んだら、そこから文学や歴史に興味が広がるのが当然だと考えていたわたしにとって、これはショックだった。文化的背景を無視して、言語の構造だけを追いかけて、それがいったい何になるのか。わたしは外国語学習のスパイスとしての言語学を紹介してきたつもりであり、乳鉢《にゅうばち》の中で薬品を捏《こ》ねるような言語研究は求めていない。そういう言語研究には常々疑問を感じているのに、わたし自身がそんな人間を増殖させているとすれば、悲劇としかいいようがない。

そこで「外国語学習のための言語学」を考え直してみることにした。

本書は目次をご覧になればお分かりのように、音、文字、語、文法、意味といった、いわゆる言語学の入門書にありがちな順で話を進めることをやめた。代わりにすべてをリシャッフルして、章ごとにテーマを決め、言語学の考え方を紹介していく。言語学は外国語学習に対してどんなヒントを与えてくれるのか。これを探るためには、文法とか意味といった枠を超えて、縦横無尽に語る必要がある。このような新たな試みを通して言語学の考え方が整理できれば、外国語を学ぶ際に、前置詞や接続詞とはまた違った、もう一つのスパイスになるのではないかと期待している。

ただし、本書では取り扱わないスパイスが二つある。

一つは理論言語学である。最新の理論言語学は世界の言語に共通する特徴を追い求める厳密な科学であり、そこから多くの学術論文が生成されている。それはいいけれど、個別の言語それぞれの違いを身につけることが目的の外国語学習とは、根本的に相容《あいい》れない気がする。というか、そういう理論は複雑すぎて、わたしの頭がついていけない。それでも外国語は学べたのだから、なくてもなんとかなるはず。ということで「カガク調味料」はナシである。

もう一つは音声学だ。言語学のなかでも基本中の基本である音は、調味料だったら塩に相当するくらい重要である。塩は奥が深い世界のようで、ミネラルがどうとか、どこの塩山で採れたものがどうとか、コダワっている人もすくなくない。ただし行きすぎると、本来の目的を見失って迷子になる恐れがある。音も同様で、ときには熱中するあまりに言語そのものから離れてしまう人さえいるが、それでは外国語学習にならない。そこで音についてはごく基本的なことにとどめておくことにする。塩は大切だが、塩だけで料理の味のすべてが決まるわけではない。塩分は控えめのほうがよい。

料理もことばも人間が生活するうえで欠かせない。それぞれプロもいるが、プロでなくても人々は何かを食べ、何かを話す。そういうふつうの人のために、「ことばのスパイス」としての言語学についてあれこれ盛り沢山に、とはいえクドくならないよう隠し味ていどに抑えながら、話していこう。

目次

外国語を学ぶための　言語学の考え方

序　章

言語学が隠し味である理由《わけ》

速読はどうして可能なのか

大学で言語学概論を履修すると、そもそも言語とは何かといったテーマからはじまることが多い。言語学に限らず、概論のはじめは「そもそも」が定番である。語る側としては先に前提を紹介しておかなければ話が進めにくいのであろうが、この「そもそも」というのは一般に当たり前すぎることが多く、新しい知識を仕入れようと意気込んで授業に臨むと、なんだか肩透かしを食らった気分になる。

たとえば人間の言語の特徴の一つとして**線状性**があるという。何かを伝えようと思ったら単語を順番に発音していく必要があり、一遍にすべてを口に出すわけにはいかない。書きことばにしても一語ずつ並べることになっていて、その並べ方は左から右だったり、その反対に右から左だったり、さらには上から下だったりするのだが、とにかく単語は、そして単語のなかの音は、一列に並ぶ。これが言語の特徴なのだ。一方で絵画や写真や地図は、何かの順番に従って見るわけではない。つまり線状性がないのである。

こういう当たり前のことを聴いていると、なんだか退屈になってしまう。もちろん納得はする。そりゃそうだ、人間は一度に一つの音しか出せない。とはいえ、モンゴルにはホーミーという独特な歌唱法があって、二種類の声を同時に出したりしたっけ。でもそれとこれとは話が違う。ふつうは順番に一語ずつに決まっている。アメリカの作家スティーブン・キングも著書 ***On writing*** のなかで、どんな長編小説でも一語一語書き進めるしかないといっている。あれだけ著作の多い作家がいうのだから、やっぱり説得力があるよな。退屈のあまり、空想はどんどん広がる。

ここでふと気づいた。

じゃあ、速読ってなんだろう。スティーブン・キングが書くような長い小説だって、順番に一語一語を読んでいかなければならないはずだ。それがどうして速く読めるのか。

そこで人間の言語には線状性があることを前提に、どうしたら速読が可能になるかについて考えてみたところ、三つの方法が思い浮かんだ。

一、線状に並んだ単語を猛スピードで読んでいく
二、線状に並んだ単語をときどき飛ばしながら「点状」に読んでいく
三、絵画や写真や地図のように全体を一度に認識する

このような分析が正しいかどうかは分からない。すくなくともわたしにはどの方法も向いていないことは確かだ。単語を人並み以上のスピードで読み進めることなんてできそうにないし、点状に飛ばしながらなんてイヤだ。ましてや全体を一度に認識するなんて、なんでそんなことをしなければならないのか。わたしは人間の言語が読みたいのである。だからこそ特徴に逆らうことなく、一語一語を読んでいきたい。

こんな感じで、言語学の知識から新たな発想や理解が生まれることもある。それどころか何かの役に立つことだってないとはいえない。本当は「役に立つ」などという表現が大嫌いなのだが、ある知識をもとに自分で考えることができるのであれば、有益なことに変わりない。だったら、いろいろ知っているほうがいいに決まっている。

こういうところが、言語学が外国語学習の隠し味たる所以《ゆえん》である。

「犬」が inu である理由

人間の言語の特徴としては恣意性《しいせい》も必ず取り上げられる。単語には必ず音があって、さらにはそれに付随する意味がある。そのときの音と意味の結びつきには必然性がない。つまり恣意的ということだ。

「犬」を inu という音で表すことは、日本語社会でのお約束事にすぎない。英語で dog、フランス語で chien、ドイツ語で Hund、イタリア語で cane、チェコ語で pes などと違っていても、それぞれの言語社会でちゃんと了解されていれば別に構わない。仮に必然性があるのなら、どこの地域でもいつの時代でも同じ音で表されそうなものだが、現実はそうなっていない。「所変われば品変わる」は言語についても同様である。

ということは、外国語学習とは恣意的に結びついた音と意味の関係を無数に覚えていく作業になるのではないか。それぞれの言語社会のお約束事には必然性がないのだから、頭の中で無理やりにでも結びつけて、文句をいわずに記憶しなければならない。やれやれ。

待てよ、だとすれば、覚える手間はどこにいても同じじゃないか。

いくら日本語環境に身を置いても、そこにいるだけで「犬」を見れば自然に inu と発音したい気分になるわけではない。「犬」＝ inu という関係は、努力して頭に叩《たた》き込む必要がある。どんな言語でも、この原則は変わらない。

つまり、留学しても単語を覚える苦労は変わらないはずである。

世間は留学さえすれば外国語が自然に身につくと信じて疑わない。そういう甘いことばを鵜呑《うの》みにして、高いお金を払って外国語が話される環境に身を置いたところで、音と意味の関係が恣意的なかぎり、自然に覚えられるはずがない。言語の恣意性を知っていれば、怪しい謳《うた》い文句に騙《だま》されずに済む。

こういうことは、ふつうの言語学入門書には書いていない。だが外国語学習という観点からすれば、恣意性をこんなふうに解釈してもいいのではないか。

動物にはことばがない

外国語学習でやるべきことは、どんな言語でも決まっている。

はじめに音について学ぶ。音が身についたら、それを組み合わせて作られた単語を学ぶ。次にその単語を適切な順番に並べ、必要に応じて語形を変化させて文を作る。それ以上でもそれ以下でもない。

このこともまた、言語学の基本概念が確認してくれる。それが**二重分節性**である。

まとまった意味内容を持つ発話を文とすれば、文は単語に分けられ、単語は音に分けられる。音や単語はいろいろな組み合わせができるので、限られた音、限られた単語から無限の文が作り出せる。これは非常に便利だ。動物などが発する鳴き声などとはここが違う。サルの吠《ほ》え声に二重分節性は考えられない。人間の言語だけが、音や単語を駆使して複雑な内容を伝えることができるのである。

もっともこういう話は案外ウケなくて、動物にも自分たちの間で通じる独自の《ことば》があるんだという説のほうが一般に喜ばれる。さらに、うちのベッキーちゃん（メス犬、四歳）は家族のことばを理解するほどお利口なのだというご意見を否定すれば、なんとも厄介なことになる。面倒に巻き込まれるのはごめんだが、だからといって同調するわけにもいかないので、そういうときは笑って誤魔化《ごまか》すことにしている。

二重分節性のおかげで幅広い言語表現ができることは事実であり、それはあらゆる人間の言語に間違いなく共通している。二重分節性がない人間の言語が見つかったらタイヘンなのだが、そのようなものは絶対に存在しない。あってもそれは人間の言語ではない。そこまで言い切る人もいる。

ということで、ベッキーちゃんがどんなにお利口でも、その《ことば》に二重分節性はないのである。

人間は言語が習得できる

動物に《ことば》があるとしても、人間の言語とはまったく違う。これが言語学の基本的な考え方なのだが、だからといって動物を無視すればいいというものでもない。ときには動物と比べることによって、新たに気づくこともある。

ある言語学者は、人間の言語が老若男女を問わず、すべて同じ器官に基づいたものを使っていることを、特徴の一つとして指摘した。老人も若者も、男性も女性も、同じようにことばを発して、お互いに情報が伝達できる。ごく当たり前なことに思えるが、他の生物の世界を考えれば、これがそうとも限らない。オスは鳴くけどメスは鳴かないとか、幼虫とサナギと成虫のように成長段階によって姿が違うと発声器官も違うとか、そういうことも考えられる。だが人間ではありえない。誰もが肺《はい》から上がってくる空気を鼻や口の中などで邪魔をして、それを取っかかりにして音を出す。その言語学者はこれを「交換性」と名づけたが、残念ながら言語学用語としては定着していない。

人間は同じ器官を使ってことばを発する。たとえ言語が違っていても、そのしくみは変わらない。ということは、人間はどんな言語でも習得できる可能性があるのではないか。

ところがこれに逆らうかに見える怪しい言説が、これまた外国語学習の世界に蔓延《はびこ》っている。さらに日本人論と結びつけば始末に悪く、舌が短いから巻き舌ができないとか、脳の使い方が違うから英語が習得できないとか、挙げ句の果てに、そもそも日本人には外国語が向かないといった暴論が、平気でまかり通っている。一歩間違えれば、優生学にも匹敵するような恐ろしい結論が引き出されかねない。これはアブナイ。

そんなとき、鳥や虫との違いを考えることが有益なのかもしれない。人間の言語であれば年齢や性別はもちろん、体格や目の色、肌の色に関係なく、誰だって口から音を出しているのに決まっている。人種の違いなんてたいしたことではない。

わたしは言語学の考え方に照らし合わせて、外国語は誰でも習得できると考えている。才能なんてものは存在しない。誰でも限られた文法規則を駆使して、無限ともいえる文を生み出すことができる。ときどきスペイン語は簡単だとか、ロシア語は難しいとかいった根拠に乏しいことがいわれるが、言語学的に考えれば極めて些末《さまつ》なことだ。そういうことに惑わされず、ことばそのものに対する理解を深めていくことが、外国語を学習するときに役に立つのではないだろうか。

こんな感じで、言語学は外国語学習者を励ましてくれる、ちょっとした隠し味になるのである。

小学生でも知っている？

ここまでに取り上げた線状性、恣意性、二重分節性は、どれも言語学用語である。調べようと思ったら、一般向けの国語辞典ではなく、専門辞典を引かなければならない。その一方で音、文字、文法、意味などは言語学用語でもあるが、一般の国語辞典にも見出し語として挙がっている。

同じように見える用語でも、日常生活と言語学では違う意味で使われることがある。アルファベットや比較・対照などがそうなのだが、これについては次章で紹介したい。

だが一般の用法とそれほど変わらないものはどうしようか。言語学入門書はどんな用語も一つ一つ解説するが、新書でそこまでする必要は感じない。この本は、外国語を学ぶ人が言語学の考え方に触れるための読み物にすぎないのだから。

それにしても、言語学用語はどのくらい知られているのだろうか。

一般と専門の間に明確な線引きをすることは難しい。だが母音や子音、主語や述語だったら、小学校でも習うのではないか。そこで小学生向け国語辞典を引いてみた。

わたしが愛用しているのは村石昭三監修『くもんの学習 国語辞典』（第三版、くもん出版）である。国語辞典は意味の分からない単語を調べるだけではない。当たり前のような基本単語を分かりやすく説明するという点では、むしろ小学生向けのほうが優れている。

この国語辞典を使い、言語学用語を思いつくまま引いてみた。

辞書で見つけた言語学用語

まずは音から。母音と子音を探したところ、期待どおりどちらも見出し語になっていた。母音は「発音するとき、口の中でさまたげられないで発音できる音。日本語のア・イ・ウ・エ・オの五つの音」としている。的確である。小学生向けであっても明解に、過不足なく説明している。実をいえば母音や、さらには子音を正確に定義することは案外難しい。詳しくは第六章で考えたい。

ほかにも音節、アクセント、イントネーションなどが挙がっている。イントネーションには抑揚という言い換えがあり、それだけでも理解の助けになる。アクセントには服装や図案などでとくに目立たせたい部分という意味もあるが、これは言語学用語ではない。

文字については表音文字と表意文字が挙がっており、しかも両者が相対する反対語として捉《とら》えられていた。これは言語学の考え方とは違う。また音節文字や表語文字という見出し語は見当たらない。文字の種類については第二章で取り上げる。

品詞とは「一つ一つのことばを、そのはたらきや使い方によって分けたもの」であるが、これについて国語辞典は実に詳しい。国語文法で習う名詞、動詞、形容詞、形容動詞、副詞、連体詞、接続詞、感動詞、助動詞、助詞の一〇品詞は、すべて見出し語となっている。小学校で習う範囲なのだが、正確に覚えている大人は少ないだろう。言語学と共通の用語も多いが、なかには国語文法特有の名称もあり、たとえば感動詞については言語学では「間投詞」あるいは「感嘆詞」というのが一般的である。ちなみに英語に出てくる冠詞や前置詞は取り上げられていない。数詞はあるのだが、「数量や順序をあらわすことば。一枚、二冊、三本、四番目など」と定義されていた。

動詞は動きだけでなく、「保つ」や「眠る」といった状態を表すことも忘れてはいけない。日本語の動詞は瞬間か継続かによって、それに「ている」などがつくと意味が異なる。第五章で考えてみる。

助詞は単語の繋《つな》がりや意味を添える品詞で、簡単にいえば「てにをは」などのことである。ところがこれが理解されていない。単語に接続して使われるから接続詞だと勘違いしている人が意外に多い。ある漫才で、「てにをは」が変なところを「接続詞がおかしいゾ！」とツッコミを入れていたのだが、おかしいのはツッコミのほうである。ウケている観衆もどうかしている。「そして」や「しかし」など、文や節を繋げるのが接続詞である。

この一〇品詞に代名詞を加えて、一一の品詞という考え方もあるようだ。

日本語の代名詞では「わたし」「あなた」「彼女」などが「若い」「幸せな」といった形容詞などと結びつくが、ヨーロッパ諸語では考えにくい。また一人称単数だけでも「わたし」「ぼく」「おれ」「あたし」などたくさんあるため、日本語が複雑だといわれることがあるが、そうではなく、むしろ名詞だからいろいろな種類があると考えたほうがいいのではないか。ちなみに代名詞には、「クレオパトラは美人の代名詞だ」のようにその特徴をよく表すものという意味がある。言語学用語から派生して、別の意味で使われるのだから面白い。

文法については主語や述語、修飾語や被修飾語は、やはり分かっていてほしい。「黒い犬」のうち「黒い」が修飾語で、「犬」が被修飾語といえばすぐに理解できる。小学生向け国語辞典は挙がっている例も分かりやすい。

活用について「動詞・形容詞・形容動詞などの終わりの部分が、使い方によって変化すること」というのが当てはまるのは日本語の場合である。英語などでは別の定義が必要だ。これについては第四章で取り上げる。また自立語と付属語の区別も見出し語となっていたが、これについては第六章でもうすこし考えてみよう。

単数と複数については言語に関する話題以外でも使われるだろうから、当然見出し語となっていた。ただし単数と複数は反意語の関係ではない。実は単数でも複数でもないグループがあるのだ。これも第四章で紹介しよう。

文の種類として、平叙文《へいじょぶん》、疑問文、命令文、感動文の区別は名称からもおぼろげに理解できる。ただし平叙文を《平常文》と勘違いしている人がいるので、気をつけよう。平叙とは、物事をありのままに述べることである。また感動文は言語学ではあまり使わず、代わりに

「感嘆文」とするのが一般的である。

一方で単文、重文、複文の区別は、どのくらい知られているのだろうか。短い文という意味の短文ではなく、一組の主語と述語からできているのが単文で、その組み合わせが二つ以上繋がって一つの文になるのが重文、さらに一区切りの文の中に単文が二つ以上組み合わさっているのが複文だなんて、なかなか咄嗟《とっさ》に説明できるものではない。このような複雑な用語まで見出し語になっているのだ。小学生向けだからといって、侮ってはいけない。

学校で学んだことは忘れてしまうものである。選んだ職業によっては、後にぜんぜん使わない知識や道具があっても不思議ではない。辞書を使わない人がいる一方で、わたしは学校を卒業して以来、コンパス、彫刻刀、柔道着には一切触れていない。お互いさまである。

だからここに挙げた用語を知らなくても恥じることはない。別に構わないのだ。ただしきちんと知りたくなったら、小学生向け国語辞典を覗《のぞ》いてみることをお勧めする。言語学の考え方と並んで、こちらも意外と「役に立つ」隠し味となるはずだ。

第一章

用語に気を遣う

――繊細な言語学

二カ国語放送

人にはときどき妙なコダワリがあるものだが、わたしも例外ではなく、とくにことばの使い方については、気になって仕方のないものがいくつかある。

たとえば《二カ国語放送》(以下、気になる用語や言語学の考え方とは違う使い方には《 》をつけることにする)。わが家は地上デジタル放送に完全に乗り遅れ、最近ついにテレビが観られなくなってしまったのだが、新聞のテレビ欄には以前と同様に目を通す。すると映画やニュース番組に《二カ国語放送》とあって、これが相変わらず奇妙に感じられる。

他にも「この観光案内所では《三カ国語》で対応します」とか「この芸能人は《四カ国語》がペラペラです」といった表現が、どうにも落ち着かない。

気になる理由は二つ。

まずこの数字のなかに日本語を含めていることが圧倒的に多いこと。日本語、英語、中国語で三カ国語対応っていうけれど、それって結局は二つの外国語じゃないの? なんかズルくない? ということで、外国語という観点からは一つ差し引いて数えることにしている。だがこれはそれほど重要ではない。

それよりもどうして二カ国、三カ国、四カ国のように「国」が出てくるのだろうか。あるいは「国語」が二、三、四なのだろうか。

いずれにしても変ではないか。だって国の数と言語の数は一致しないのだから。国を数えるときに「〇カ国」というのは分かる。イギリスとアメリカとカナダとオーストラリアとニュージーランドだったら五カ国となることは納得だ。だがこれらの国々の言語となると、ふつう五カ国語にはならない。英語一つである。

こういうとき、細かいことにコダワリすぎると物事の本質を見誤る。アメリカ英語とイギリス英語はけっこう違うとか、アメリカにはネイティブアメリカンの諸言語、オーストラリアにはアボリジニーの言語がたくさんあるではないかといった指摘は、この際まったく関係ありません。

そうではなくて、言語を数えるときに《〇カ国語》というのは変ではないかといいたいのである。

原因はすぐに思い当たる。日本では圧倒的多数の人々が、自分の国がそうであるため、他でも一つの国に一つの言語という関係だと、信じて疑わないからではないか。くり返すがここでアイヌ語や沖縄の諸言語、あるいは在日の人々が使う韓国・朝鮮語を持ち出しても、まず理解してもらえない。さらには自分の国の話となると急に興奮する人もいる。話を海外に移すことにしよう。

たとえばカナダ。この国では英語とフランス語が公用語である。こういうとき、「カナダでは《二カ国語》が話されます」というのはどう考えても奇妙だというのは、きっと理解していただけるだろう。これじゃカナダが一つの国ではないみたいではないか。あるいは英語はイギリス、フランス語はフランスが本場で、それを借りているにすぎないと考えるのだろうか。かなり時代錯誤である。

ツッコミを入れたいのではない。ただ、ちょっとだけ気を遣ってほしいのだ。《二カ国語》じゃなくて「二言語」と表現したらどうだろうか。それだけでずっと正確になる。

「カナダでは二言語が話されています」だったら納得できる。「この観光案内所では三言語で対応します」とか「この芸能人は四言語がペラペラです」だったら、日本語が含まれていてもいなくても、まったく問題ない。《カ国語》を「言語」に変えるだけで、ずいぶん正確になる。

ことばはときに人為的な作用によって変えることができる。「看護師」や「准教授」は二十一世紀になって変更された。だから《カ国語》を「言語」に変えることも可能なはずなのだが、そのためには大きな力が必要である。わたしが一人で主張したところで、変なコダワリがある面倒なヤツが騒いでいるとしか思われないだろう。

ちなみに「こだわる」というのは、本来はどうでもいいことを必要以上に気にするという否定的な意味が基本で、深い思い入れがあるというのは新しい用法である。わたしには否定的にしか使いたくないという「コダワリ」があり、またしても面倒な人になってしまう。

それでもことばに気を遣うのは外国語を学ぶときの基本的な態度だし、さらに言語学の考え方にも繋がっていく。

定着しない母語

《母国語》というのも気になる。

ことばにおける性差別については、最近では多くの国で非常に神経を尖《とが》らせている。英語圏では he or she のような表現があり、あるいは xhe のように、何と読むかは想像もつかないが、とにかく一方の性だけを優先させていないという態度を明確にして気を遣っている。日本語でも同じ傾向があり、わたしが小学生だった頃とは違って「父兄参観」ではなく「保護者参観」となる。

不思議なことに「父」はダメだが「母」は構わないらしい。「母国」とか「母校」などは今でも使う。「母」には自分が生まれたり、学んだりした場所という意味があるようだ。わたしは幼いときにこの用法が分かっておらず、「母校＝母親が卒業した学校」だと勘違いしていて、そのためいつも女子校の名前を挙げていたため、周囲からひどく驚かれた。

それはまあいいとして、わたしはやっぱり《母国語》という表現が気になる。《母国語》とは何か。自分が生まれ育った国の国語なのか。それとも幼い頃に身につけたおかげでどれよりも自由に使える言語のことで、英語の mother tongue に相当するのか。だったら**母語**のほうがいい。

母国の言語と自分の母語が違うことだってある。日本で生まれ育っても、家庭環境のために日本語ではない別の言語のほうが自由に使える人はいくらでもいる。自分にとっていちばんの言語は国と関係ない。このことはもっと意識していい。

母語は言語学の専門辞典はもちろん、一般の国語辞典にも載っているのだが、どうも定着していない。相変わらず《母国語》を使う。人は一度身につけた用語がなかなか更新できないらしい。

本当のことをいえば、わたしは「外国語」というのさえ、ときに抵抗を感じている。「国」があるかぎり、日本にとって決して外国ではない地域のアイヌ語や沖縄の諸言語をこの範《はん》疇《ちゅう》に入れるのは躊躇《ためら》われる。外国語科目として開講している大学もあるようだが、なんとなく腑《ふ》に落ちない。

そこで外国語の代わりに「外語」が浸透すればいいのだが、これも受け入れてもらえそうにない。ただある私立大学が、あえて「外語大学」を正式名称として名乗っていることを紹介しておきたい。わたしの非常勤先である。なかなかいいセンスだ。ただし学部については外国語学部となっている。これは行政の考えなのだろう。権威によって規定されているかぎり、用語は自由には選べない。

《訛り》ではなくて方言

権威によって規定されていなくても、わたしからすれば問題があると思われる用語が広く選ばれることもあり、これがまた気になる。

たとえば《訛《なま》り》だ。

かつて地域の特徴を有することばは撲《ぼく》滅《めつ》すべき対象であったが、最近では土地ごとの特色を表す豊かな文化と見なされるようになってきた。特産物に独特のネーミングをしたり、出身地と関係なく使ったり、多くの人がそれを楽しんでさえいる。

それにもかかわらず《訛り》という表現が相変わらず使われている。

《訛り》はとくに発音に関してずれている場合に使う。ずれるということは基準があるわけで、ある発音を手本とし、そこから隔たっているので《訛り》という発想になるわけだ。

だが言語学では《訛り》といわない。代わりに方言を使うのが一般的だ。なかでも地域による違いは**地域方言**という（たとえ同じ地域であっても、年齢差、男女差、階層差、学歴差などによることばの違いは**社会方言**といって区別する）。地域方言には土地ごとの発音の違いも当然ながら含まれる。何かを絶対的な基準とするのではなく、違うことに注目するのが、言語学の考え方なのである。

言語学は規範を押しつけない。言語学に限らずことばに関係する職業の人々は、用語一つ一つに気を遣って、差別の原因となることを避けるように努めている。だからこそ他人のことばを《訛っている》というべきではないし、自分のことばについても「標準語とは違う《訛り》がある」と卑下することはない。そもそも現代日本には、昔と違って標準語がすでになく、あるのは共通語だけなのである。すでに存在しない標準語と、言語学では使わない《訛り》を対立させて争っても、まったく意味がない。

ことばに関する感情的な問題の多くは、用語の使い方が不適切なことに原因があるのではないか。だからこそ、ちょっとだけ気を遣ってほしい。そのときに言語学という「隠し味」が活きてくるのである。

アルファベットはローマ字だけじゃない

差別に気を遣うこともさることながら、言語学も学問の一分野なので、用語の使い方についてはそれなりにウルサイ。だがそれはわざわざ面倒を起こしているわけではなく、また不必要なまでに細かく分類して人を惑わせようとしているわけでもない。それ相応の理由がちゃんとあるのだ。

気をつけてほしいのは、用語の多くが一般に使われているものと共通しているのに、その意味が微妙に違っている点である。うっかりすると混乱してしまう。

たとえば**アルファベット**。言語学ではこれを、原則として一つの文字が一つの音に対応する体系としている。一つの音ということは、漢字はもちろん、ひらがなやカタカナのようにほとんどの文字が子音と母音の組み合わせになっているものは含まれない。a、b、cのように子音と母音が別々に示せることが条件となる。

すると多くの人が、a、b、cこそがアルファベットなのだと勘違いする。

そうではない。a、b、cは文字の種類の名称としてはラテン文字あるいはローマ字という。確かにラテン文字はアルファベットだが、アルファベットはラテン文字だけではない。ギリシア文字のようなα、β、γでも、キリル文字のようなа、в、гでも、あるいはヘブライ文字のように右から左へ書いても、さらにはアラビア文字のようにそれが繋がっていても、原則として一つの文字が一つの音に対応しているかぎり、すべてアルファベットなのである。

ところが一般には、アルファベットがラテン文字だけを指すことが多い。そのせいか、ラテン文字という表現はあまり使われない。ローマ字については、日本語を表すときに使う以外ほとんど聞かない。

この感覚は外国語教師でも同じだ。西欧の有力言語を教える先生から「ウクライナ語はアルファベットなんですか」と質問され、困ってしまったことがある。ウクライナ語はキリル文字を使っているので、言語学的にはアルファベットということになる。だがこの先生はきっとラテン文字のつもりで尋ねたのだろうということが容易に想像できる。そうすると答えは否だ。どうしよう。さらに深読みすれば、こんな質問をする人はキリル文字といっても分からないだろうし、それを説明すれば「ああ、つまり《ロシア文字》ですか」といわれそうである。すると今度は、《ロシア文字》というのは俗称であって正確な名称ではなく、そもそもこの文字は最初にブルガリアで作られたものなのだという注釈が続き、話がどんどん長くなる。これは疲れる。

文字にはそれぞれ名称がある。ラテン文字、ギリシア文字、キリル文字、ヘブライ文字、アラビア文字……。広く使われているラテン文字だけにアルファベットを独占させないほうが、どの文字も平等ということが分かっていいように思うのだが。

それに加えて、パソコンの特殊文字では「ラテン」「ギリシア」などと分類してあって、アルファベットとはいわない。「キリル」を知らなければ、ロシア語などで使う文字が探せない。

単語よりも語がいいのだが……

ことばについて語るときには、言語学用語に照らし合わせて常に正確でありたいのだが、そうはいかないこともある。

たとえば言語学では「単語」という用語はあまり歓迎されない。代わりに「語」を使うことが多い。言語によっては「単」といい難いからで、その例としてしばしば挙がるのがエスキモー語である。

エスキモー語を紹介するとき、わたしがいつも引用するのが宮岡伯人《みやおかおさひと》『エスキモー』（岩波新書）である。すでに絶版で入手しにくくなっているのだが、一般向けに読みやすく書かれたものが他にないのだから仕方がない。我ながらマンネリで自己嫌悪に陥るが、エスキモー語について何も知らない以上、恥を忍んで再び引用するしかない。

『エスキモー』の二三ページにはユピック・エスキモー語の例が挙がっている。この言語で「カヤック」つまり猟に用いる木製の舟のことを qayaq といい、これに修飾語をつけて「俺の大きいカヤック」は qayar-pa-ka になるという。このうち pa が「大きい」で、ka が「俺の」を表すのだが、それぞれ単独で使うことはできないという。

英語では player「選手」、teacher「教師」、worker「労働者」などを比べれば、er の部分が人を表していることが分かる。だが er だけを発音しても人という意味にはならない。そういう関係を想像するといいようだ。

こういった要素がどんどんと組み合わさり、「俺はお前に大きいカヤックを作ってもらいたいのだけど」は qayar-pa-li-sqe-ssaaq-a-m-ken とずいぶん長くなる。だがどこかで切るわけにはいかず、これでひとまとまりなのだ。こういうのを「単語」といっていいのだろうか。そこで言語学では「単」を省いて「語」にするほうが正確だと考えるのである。

だが問題は残る。「語」のように短いと、発音したときに聞き取りにくいのだ。日本語ではそういうとき、何かを補って長くすることで、耳で理解しやすいよう工夫する。「胃」

「背」「葉」は「胃袋」「背中」「葉っぱ」のように拡大させる。「酢」や「湯」は「お酢」や「お湯」のように「お」をつける。「毛」を「髪の毛」、「字」を「文字」のように言い換える。「語」を「単語」にするのも、同じような工夫である。

とはいえ、文字で読む分には誤解も少ないだろう。そう考えて、かつてはわたしも「語」を使ってみた。だがあまり効果がない。それどころか、ときには困ることもある。ある言語の「語」を示すときだ。「英語の語」では回りくどい。「英・語」では誤解される。「英単語」あるいは「英語の単語」のほうが分かりやすいのではないか。

このように言語学用語が絶対というのではない。外国語学習のためには、あえて違うものを用いることもある。本書ではこの先も「単語」を使っていく。ただし言語によっては「単語」では収まらないこともあるという言語学の考え方は、やはり大切にしたい。

比較と対照

一般の用法と大きく違うのが「比較」だ。

現代日本語では、何かを比べるという意味で「比較」が広く使われている。比べる対象はなんでもいい。資本主義と社会主義でも、ラーメンとカレーでも、月とスッポンでも、なんでも比較できる。

だが、言語学では限定されている。

言語学の場合、比較は原則として歴史的に同系関係が証明されている言語間でしか使えない。起源を遡《さかのぼ》れば同じ言語から分かれて現在に至っているものだけが、比較の対象となる。フランス語、イタリア語、スペイン語、ポルトガル語は、どれも間違いなくラテン語から分かれて生まれた言語なので、比較することができる。このような同系関係の諸言語は、**語族**というグループを形成し、さらに細かく分類して**語派**にまとめることもある。フランス語やイタリア語などはインド・ヨーロッパ語族イタリック語派に属している。英語とドイツ語はインド・ヨーロッパ語族ゲルマン語派だ。英語とフランス語は語派が違うものの、インド・ヨーロッパ語族という枠組みで考えれば、比較は可能である。

ただし、英語と日本語は《比較》してはいけない。もしそのような表現を使っているとしたら、それは言語学の考え方を知らないか、あるいは英語と日本語が同じ起源から分かれたと信じていることになる。いずれにしても困る。

とはいえ、英語と日本語だってときには比べてみたい。とくに外国語教育では、外国語と学習者の母語の違いを明確にすることは非常に大切であり、そのおかげで優れた教育法や教科書が生まれることもある。歴史的な同系関係はないけれど、そういう言語間で比べるときには、どうしたらいいのか。

言語学ではその場合、「対照」という別の用語を使う。対照は遡れば同じ言語から分かれたというわけではなくても、任意の二つ以上の言語を比べるときに使える。

それだけではない。たとえ歴史的に同系であっても、対照することはできる。歴史的な関係を意識せず、教育目的などで二つ以上の言語を比べるのだったら、対照なのである。

ところが、これを理解するのが難しいようだ。英語とドイツ語は比較、英語と日本語は対照というのは分かる。英語と日本語は絶対に比較してはダメだというのも、口を酸っぱくしてくり返すから理解してもらえる。だが英語とドイツ語は比較の他に対照もできるというのが、なかなか分かってもらえない。

だいたい学生は「対照」という漢字に馴染《なじ》みがないらしく、「対象」「対称」「大正」といろんな字を書いてくる。仕方がないので、とにかく「比較」は使わないで、その代わりにせめて「比べる」にしてちょうだいとお願いするのだが、その効果は怪しいものだ。

だからこそ、ことばについて語るときに比較と対照がきちんと区別できていれば、おお、お主なかなかデキルなと、一目置かれるのである。

《ウラル・アルタイ語族》は存在しない

歴史的な同系関係に基づいた言語の系統分類の一例として、インド・ヨーロッパ語族（略して印欧語族）についてまとめておこう。

インド・ヨーロッパ語族
　インド・イラン語派
　　インド語群――ベンガル語、ヒンディー語、ウルドゥー語、パンジャブ語、
　　　　　　　　グジャラーティー語、マラーティー語、ネパール語
　　イラン語群――ペルシア語、クルド語、パシュトー語
　アルメニア語派　　アルメニア語
　アルバニア語派　　アルバニア語
　バルト語派　　　　リトアニア語、ラトビア語
　スラブ語派
　　南スラブ語群――ブルガリア語、マケドニア語、セルビア語、クロアチア語、
　　　　　　　　　スロベニア語
　　西スラブ語群――ポーランド語、チェコ語、スロバキア語、ソルブ語
　　東スラブ語群――ロシア語、ウクライナ語、ベラルーシ語
　ギリシア語派　　ギリシア語

イタリック語派　フランス語、イタリア語、スペイン語、ポルトガル語、レト・ロマン語、ルーマニア語
ケルト語派
ブリタニック語群――ウェールズ語、ブルトン語
ゲーリック語群――アイルランド語、スコットランド語
ゲルマン語派
北ゲルマン語群――アイスランド語、ノルウェー語、スウェーデン語、デンマーク語
西ゲルマン語群――英語、ドイツ語、オランダ語、ルクセンブルク語、フリジア語、アフリカーンス語

とにかく大所帯である。あんまり大きいので、語族の下に語派、さらにその下には語群という区分を作って整理しているが、それでもまだまだ複雑だ。とはいえ、このなかには多くのメジャー言語が含まれている。

語族によって分類できることが分かったのは、十九世紀に研究の進んだ比較言語学のおかげである。とくに印欧語族についてはすばらしい成果が上がり、その方法を模して他の言語

について も盛んに研究され、その結果いくつかの語族が生まれた。といってもなかにはその証明が不充分なものもあり、わたしにしてもあらゆる言語の系統について判断が下せるわけではないので、困ってしまう。

それでもウラル語族というグループは比較的よく研究されていて、フィン・ウゴル語族にはフィンランド語、エストニア語、ハンガリー語、またサモイェード語族にはネネツ語などが属するというのは広く認められているといっていいだろう。ウラル語族では、語族の下位区分なのに語派を使わずにフィン・ウゴル語族とサモイェード語族というのだが、どうやらそういう習慣らしい。

他にもアラビア語やヘブライ語が属するアフロ・アジア語族（かつてはセム語族といった）や、インドネシア語やハワイ語が属するオーストロネシア語族など、さまざまな語族がある。言語学入門書を開けば詳しく載っているので、興味のある方はそちらをご覧いただきたい。

その昔、世界史で習った懐かしい名称に出会うかもしれない。

ただし《ウラル・アルタイ語族》は存在しない。言語学において認められていないからである。

かつてはウラル語族のハンガリー語やフィンランド語に加えて、アルタイ系のトルコ語やモンゴル語、さらには韓国語や日本語も含めて、すべて《ウラル・アルタイ語族》に属するという説があったが、すでにほとんど支持されていない。何か繋がりはあったかもしれないが、学問的に証明するのはかなり難しいと考えられているからである。無理やり主張してもはじまらない。

ところがこの《ウラル・アルタイ語族》が、世間ではビックリするくらい広く知られている。また国によっては今でも信じているらしい。同じ《ウラル・アルタイ語族》だから仲良くしましょうと笑顔でいわれても困る。語族が違ったら仲良くしないのだろうか。さらにはこれを認めないことに、政治的なイデオロギーまで持ち出す人がいるのだから、なんとも厄介である。

日本語の起源については他にも諸説ある。近年ではインドのタミル語との関係を強力に主張する方々もいらっしゃるようだが、同じドラビダ語族に属する言語のうち、マラヤーラム語やカンナダ語やテルグ語などは無視して、タミル語だけと日本語が関係あるというのだから、その斬新《ざんしん》さにはついていけない。

「人」か「族」か

語族のついでに話しておきたいのだが、「○○人」と「○○族」の違いは何なのだろうか。独自の言語があるとか、国家を形成しているとか、いろんなことをいうかもしれないが、わたしは地域の違いではないかと考えている。

ヨーロッパでは独自の言語はあるものの、国家は形成していないグループに対して、バスク人やソルブ人のように「〇〇人」という。一方で条件は同じなのに、アジア、アフリカ、ラテン・アメリカなどのグループは「〇〇族」という表現を使う。この場合の「族」は家族や語族ではなく、部族のほうを思い浮かべる。暴走族や社用族ではないにしても、あまりよい意味には感じられず、差別のようなものを感じてしまう。このことはすでに『世界のことば』（朝日新聞社）の中でジャーナリストの千本健一郎《せんぼんけんいちろう》氏が指摘している（二七七ページ）のだが、残念ながらジャーナリズムも含めて一向に訂正されていない。こういうことを乗り越えるのも、言語学の役割なのかもしれない。

それはそうなのだが、言語の世界はあまりにも広く、一人の人間が細かいことも含めてすべてを把握することは難しい。だとしたら、知らないことに対しては慎重でありたい。専門家の意見には真摯《しんし》に耳を傾けたい。自分が常識と信じていることは、常に訂正される可能性がある。そのためには用語に敏感であることが大切なのではないか。

専門はスラブ諸語

わたしはロシア語教師として出発し、さまざまな経験を通して言語全体を考えるようになっていった。外国語にしても、ロシア語は現代以外にも中世ロシア語や古代スラブ語といった古典語を勉強し、他の現代語ではウクライナ語やベラルーシ語も専門とし、さらにチェコ語、ポーランド語、セルビア語、スロベニア語を学んできた。これらの言語は、先ほどの一覧表でいえばすべてスラブ語派に属する。

だけど「黒田さんのご専門は《スラブ語》なんですね」といわれると、またまたどうにも落ち着かない。だって《スラブ語》という言語はないのだから。あるのはロシア語やチェコ語といった個別言語であり、それをまとめていいたければ「スラブ諸語」のように「諸」を加えるか、あるいは「スラブ系言語」のようにボカすなど、ちょっとだけ気を遣ってほしくなる。

ということで、ことばについてとなると、わたしは相変わらず面倒な人間になってしまうのである。

第二章

間違えるのが怖い

――不安な言語学

否定形の憂鬱《ゆううつ》

第一章をお読みになって、なんだか窮屈に感じたり、面倒な気がした読者も少なくないのではないか。冒頭から否定形が続き、あれもダメ、これもダメと、まるで小言をいわれ続けているかのようで、担当編集者からもさっそく指摘されてしまった。

言語学で使う用語は特殊なので、はっきり区別するためには、ふつうの使い方を禁じなければならない。これが実に楽しくないのである。そもそも、ことば遣いの間違いを指摘されることは本当につらい。口うるさい頑固おやじの繰り言だって愉快ではないが、わたしのような「言語学者」がネチネチと指摘したら、その場の空気が険悪になること間違いない。

とはいえ外国語学習ははじめが肝心。ヘンな癖がつく前になるべく矯正しておきたいと、教師はつい考えてしまう。発音はとくにそうだが、それだけではない。

ロシア語の非常にうまいモンゴルの男の子がいた。わたしの知らない表現も含めて、実に流暢《りゅうちょう》に話してみせた。ところが後に彼からもらった手紙を見て、愕然《がくぜん》としてしまう。文法がまったくなっていない。動詞の活用や名詞の格変化が、いちいち間違っているのである。思い返せば、彼のロシア語は滑らかな分、語尾がよく聞こえなかった気もした。いずれにせよあれだけの運用能力と、それに伴う自信をつけてしまった後で、変化語尾を改めて修正することはおそらく不可能だろう。最初のうちに矯正すべきだったのにと悔やまれる。

こういう例を知っているものだから、細かいことまで含めて先回りして指導したくなってしまう。ところが一度はじめると、あれも指摘しなければ、これも指摘しなければと、いいたいことが次から次へと増え続ける。それを全部やったら、学習者は追い詰められ、おそらく次週から授業に来ない。人間、逃げ場所を作っておかないと萎縮《いしゅく》してしまう。

あるいは嘘《うそ》をつく。

世間は健康志向である。タバコがこれほど疎まれるなかで、喫煙者が健康診断の問診に正直に答えるとは限らない。晩酌を毎晩欠かさない人が、週に一度は休肝日があるといわなければマズいと感じることもあろう。スポーツはもっぱらテレビ観戦なのに、ふだんから身体を動かしていると言い繕うこともあるのではないか。

ことばに関しても同じである。厳しくするだけで治るのだったら話は簡単で、背中にピストルを押しつけて脅してやればいい。だが教育とはそれほど簡単なものではない。

わたしは怯《おび》えた目をした学習者を目の前にして、喜びを感じるサディストではない。哀れな被抑圧者が為政者のご機嫌をとろうと、先回りして調子を合わせるようなことをされるのは御免こうむりたい。

だがこの先回りが、言語の世界にも存在する。

心配のあまり

日本語の表記に「ヴ」というのがある。「ウ」にテンテンを打って濁音にするので「ウ濁《だく》」という。外来語を表記するときに用いられ、英語のvの音（ドイツ語などだったらwの文字が表す音）を示すときに「ヴァ」「ヴィ」「ヴ」「ヴェ」「ヴォ」のように使う。これに従えば、**violin**は「ヴァイオリン」、**Vietnam**は「ヴェトナム」となる。

だがこの表記は一般の日本人にとって難しい。「ヴ」を正しく使うためには外来語の基となる語がvであることを知っていなければならない。とはいえそれがいちいち頭に入っているとは限らない。分からない場合はどうするか。

そういうとき、人には不思議な心理が働く。正しくは「ヴァ」「ヴィ」「ヴ」「ヴェ」「ヴォ」とすべきところを「バ」「ビ」「ブ」「べ」「ボ」としたら、教養がないと見なされて恥ずかしい。あるいはふだんから《正しく》発音していないことがバレてしまいそうで怖い。だったら、とりあえずウにテンテンにしておくほうがよさそうな気がする。そのほうが、ナンカ、外来語っぽいし。

そこでなんでもかんでもウ濁を使うようになる。その結果、Balkanのように「バ」が正しいものでさえ、《ヴァルカン半島》のような間違った表記をしてしまうのである。

このような現象を過剰修正という。つまり直しすぎである。過剰修正にもいろいろあり、たとえばわたしの祖母のように「ヒ」を「シ」といってしまう地域方言を使っていると、それを直そうとするあまりに「敷く」のようなものまで《ヒク》といってしまう。実はわたし自身もこれを引きずっている。

どうして「バ」と「ヴァ」の区別ができないのか。

必要がないからである。

実際、日本語の現代仮名遣いでは「バ」と「ヴァ」のどちらを使ってもよいことになっている。たとえ「ヴァ」と書いてあったところで、英語のvのような音を出しているかといえば、それは怪しい。どちらを発音しても、誤解が生じることはない。なぜならば、日本語では「ヴ」と「ブ」を区別しないからである。

もし人間の言語音を機械などで分析すれば、毎回ちょっとずつ違っていることが数値で示されるだろう。だが日常のコミュニケーションでは、そこまで厳密に測定する必要はない。それよりも大切なのは意味の区別である。どんなに微妙であっても、意味が違うとなったらちゃんと区別しなければならない。このように意味の違いに注目して音を分類する方法を、**音韻論**という。音韻論は言語ごとにあり、日本語音韻論とか英語音韻論のような分野では、それぞれの言語にとって意味の区別に必要な音を抽出して分類している。同一言語内でも、方言にはまた独自の音韻があり、それが対応する標準語や共通語と同じとは限らない。

音韻上の区別がないのだから、できなくて当たり前である。それでも人はなかなか開き直れない。そもそも日本語にはどうして「ヴ」なんていう文字があるのだろうか。自分が外国語のできることを自慢し、それをひけらかすために使っているのか。だとしたら、なんともイヤらしい。

わたしはこの「ウ濁」をよく使う。別にvの音ができる自慢をしたいのではない。そうではなくて、教材などで外国語文にカナをふる場合、なるべく区別をつけたいので、どうしても「ヴァ」「ヴィ」「ヴ」「ヴェ」「ヴォ」を使うことになり、そうなると整合性上、他でも使わなければならないのである。

フリガナには無理がある

外国語文にフリガナをつける方法は古くからある。これを誉める人はほとんどいない。そんなものに頼っているといつまでたっても外国語が読めるようにならないし、そもそも発音が悪くなる。だからやめなさいというのだが、それでもカナをふる学習者は後を絶たない。大学生に限らず、高校生でも中学生でも、あるいは社会人であっても、教師に隠れて懸命にカナをふる。これも追い詰められた結果なのだろうか。

学生ばかりではない。出版社は外国語参考書を出すとき、なるべくカナをふってほしいと著者に依頼してくる。そうしないと売れないのだという。シリーズの全巻でふることが決まっていますとなれば、これは命令に等しく、こちらも抵抗のしようがない。

外国語教師はどうしてフリガナを嫌うのか。理由はいくつかある。

まず、それぞれの外国語には正書法などの規則があるが、フリガナには決まりがない。自分で方針を立てて、それを順守しなければならないのだが、これが案外やさしくない。日本語では「ウォッカ」で定着したロシアの蒸留酒 водка は「ヴォトカ」がいいのか、それとも「ヴォートカ」がいいのか、はたまた「ヴォーッカ」なのか、下手をするとページごとに違った表記になりかねない。実はここに教材選びのコツがあり、統一性のないカナがふられている語学書はそれだけで著者に力がないことが判断できる。なかでも小さい「ッ」はとくに気まぐれに出現する可能性が高いから、注目してみるといい。などと他人事《ひとごと》のようにいっているが、本音をいえば自分でも不安である。細心の注意を払っているつもりだが、うっかりすると間違えそうになる。

だがそれだけではない。とくに日本語のカナは、どんなに工夫したところで外国語の音を示すのがほとんど不可能なのである。

それは文字の種類に原因がある。

すでに紹介したように、原則として一つの文字が一つの音に対応する体系を言語学ではアルファベットという。一つの音ということは、a、b、cのように子音と母音が別々に示せることが条件だった。だからラテン文字に限らず、ギリシア文字や、キリル文字や、ヘブライ文字や、アラビア文字など、アルファベットであればどれでも大丈夫であった。このような文字を種類として**単音文字**という。原則として、アルファベットは単音文字ということになる。だが、ひらがなやカタカナは、ほとんどの文字が子音と母音の組み合わせである。こちらは**音節文字**という。

序章で紹介したように、小学生向けの国語辞典の見出し語には表音文字と表意文字が挙がっている。表音文字とは音を表す文字のことで、つまり単音文字と音節文字の両方を指し、表意文字の反対語になる。だが言語学では同じ音を表す文字でも、子音と母音を分けて単音を表すか、それとも一まとまりの音節を表すかで区別するのが一般的である。このように表音文字と音節文字を区別することで、カナをふる難しさが浮かび上がってくる。

つまり日本の外国語参考書は、カナのような音節文字を使って、ラテン文字のような単音文字の音を示そうとしているのである。子音と母音がほぼセットになっている文字で、子音だけをどうやって示すのか。問題はここにある。

ある参考書はカナの中にラテン文字を混ぜていた。英語だったら**street**を「ストリーt」、**help**を「ヘルp」のように表記するようなものである。それはズルいよ。そのtやpが分からない人向けに作らなくちゃウソでしょ。

ほかにも、カタカナに独自の記号をつけて子音だけを示そうという試みもある。tは「ト」、pは「ⓟ」のように、傍線を引いたり、円で囲んだりして、なんとか違いを表そうと、涙ぐましい努力をしている参考書もある。だが、効果のほどはアヤシイ。

そこでふと気づく。どうしてtは「ト」のようなオ段のカナを使うのに、pは「プ」のようにウ段のカナなのか。

日本語は外来語を受け入れるとき、単語の最終のb、g、k、pには「ブ」「グ」「ク」「プ」のようにウ段の文字を使うことになっている。**web**「ウェブ」、**bag**「バッグ」、**book**「ブック」、**cup**「カップ」といった具合だ。それに対して、単語の最後がdとtの場合は

hand「ハンド」、pet「ペット」のように「ド」と「ト」である。なぜそうなるのか、理由を聞かないでほしい。たとえ実際に聞いたときの印象とは違っていても、そういうことになっているのだ。その証拠に、皆さんだってそれを受け入れて使っているではないか。

こんな感じで、何重にも無理を重ねているのである。知人の比較文学者から、「明治期に欧米から大量の外来語を受け入れるとき、子音だけを表す文字を作っておけばよかったのに」という嘆きを聴いたとき、その発想のユニークさには注目したが、作らなかったものは仕方がない。

音を文字で完全に示すことはできない。所詮《しょせん》は目安である。一般に発音記号といわれる**国際音声字母**（ＩＰＡ）を使ったところで、あらゆる言語の音がすべて完璧《かんぺき》に表せるわけではない。それ以前にＩＰＡそのものを努力して覚えなければ、音がイメージできない。外国語学習の入門段階で文字と発音に加えてＩＰＡまで覚えるのは、いくらなんでも負担である。それくらいだったら、カナのほうがましではないか。

たとえ不完全であっても、未知の文字にカナがふってあれば、それを知らない人には大きな助けとなる。「キリル文字にカナをふるなんて！」とお怒りのロシア語教師が、アルメニア文字のフリガナにホッとしているのである。どんなにいい加減でも、ないよりはマシ。学習者が萎縮して勉強をやめてしまわないためにも、教育上の配慮は欠かせない。

巻き舌はそこまで恐怖なのか？

ことばの不安という話題になれば、どうしても音の話になってしまう。外国語学習者は発音をどこまで気にしているのだろうか。

ロシア語教師をやっていると、何より驚くのが学習者の「巻き舌恐怖症」である。「らららららら～」と舌を巻くことをとにかく恐れる。そして口を固く閉じる。口を閉じたら発音できないんですけど。あるいは、自分はいかに巻き舌が苦手であるかをスラスラと説明する。同じように巻き舌音を持つスペイン語やイタリア語の先生も、同様の経験をしているのだろうか。

発音を拒む学習者に外国語を教えるのは至難の業《わざ》である。そのうえ、学習者は読書ではなく、会話がしたくてたまらない。矛盾を感じないのだろうか。

日本人は恥ずかしがり屋だからとか、日本語にない音だから難しいのだとか、いろんな説明ができるだろう。だが、わたしが指摘したいのはそういうこととはちょっと違う。

外国語にはいろいろと難しい音があるのに、学習者が気にする音は限られていて、しかも教師が直したい音とは違っていたりするのだ。

英語学習者が気にするのはrとlの違いである。bとvの区別も難しいとされる。先ほど紹介した音韻論の考え方に従えば、どれも発音し分けないと意味が違ってしまう音なので、是非とも区別しなければならない。意味の区別に関係する音の単位を**音素**という。外国語学習では、音素を身につけるのが最初の作業だともいえる。さらには書くうえでも綴《つづ》りに反映されるから、疎《おろそ》かにはできない。

とはいえ、区別さえできればいいのである。乱暴なことをいえば、音素は区別されることが大切なので、多少ズレていてもなんとかなるといえばなる。ロシア語で巻き舌ができない学習者には、だったらл（ラテン文字ではlに対応する）のほうを頑張ってもらいたい。舌先を上の歯の裏にピタリとつければいい。そうすれば区別はできるから、コミュニケーションはしやすくなるはずである。

ところが人の心とは微妙なものである。たとえば日本語を話すロシア人が、ラ行音をすべて巻き舌で発音したらどうだろう。意味は分かるけれど、何か違和感を覚えるのではないか。違和感くらいならいいけれど、それが高じれば発音だけを基準に、外国語能力を計ることにもなりかねない。

他人の発音を認めないから、自分で発音するのが怖い。ことばでコミュニケーションがしたいのに、その相手との関係において信頼ができない。不幸なことだ。

だが音に対する不安なんて、考え方をすこし変えるだけで解消できる。まずは音韻の区別ができることを目指せばいい。それから徐々に調整していく。巻き舌だったら、最初にpをつけて「プル、プラ、プル、プラ……」をくり返すとか、勢いよく「サッポロラーメン」と発音するとか、いろいろと練習を重ねながら目標の外国語に近づけていく。

何よりも学習者同士が、お互いの外国語の苦労を認め合うことが大切である。

批判にさらされる文法

学習者が不安なのは音だけではない。文法はさらに恐怖である。

文法といってもいろいろある。現実をありのままに書き留めることを目指す記述文法や、言語能力の解明や人間言語の普遍性を追究する生成文法などは、言語学では大切かもしれないが、外国語学習にはほとんど関係ない。それ以前に身につけなければならないことが山ほどあり、それどころではない。

多くの人が思い浮かべる文法といえば**学校文法**である。そこには外国語習得のために覚えなければならない知識がまとめてある。その情報量はあまりに莫大《ばくだい》で、多くの学習者がうんざりする。本にすると分厚くなり、それがまた学習意欲を削《そ》ぐ結果となる。こうして文法は嫌われていく。

学校文法には規範がまとめられている。規範とはお手本、つまり理想の姿だ。そのため実際のことば遣いからずれていることもある。言語は常に変化していくものなので、書き留めた瞬間から古くなってしまうのは仕方ないにしても、規範はそもそも現実を無視して、あるべき姿を推奨することもあるため、さらに現実離れしてしまう。

外国語学習者は日々文法に苦しめられている。人によってはその口惜《くや》しさから、いつか仕返ししてやろうと、虎視眈々《こしたんたん》と機会を狙《ねら》っている者さえいる。そういうときに頼りとなるのが母語話者、つまりネイティブスピーカーだ。自分が使っている文法書を見せ、古めかしい表現や実際には使わない表現を探してもらって、「こんなのはイマドキ使わない」といわせれば大成功。そのことを語学教師に指摘すれば、積年の恨みが晴らせるかもしれない。

最近は日本語の運用能力に長《た》けた外国人がたくさんいる。それはいいのだが、無自覚に身につけた自分の母語について、感覚だけを頼りに言いたい放題という人も少なくない。外国語を身につけたことのない日本人は、ネイティブスピーカーがいうのだから間違いないだろうと信じてしまうので、始末に悪い。

さらにはそういうネイティブスピーカーが書いた会話集などは、あまりのいい加減さに目を覆うばかりだ。とくにひどいのが発音の説明である。「母音は日本語のアイウエオと同じ」とあったら注意したほうがいい。日本語の「ウ」は唇を突き出さずに発音する非円唇母音で、これに近い母音を持つ言語はフランス語やトルコ語、韓国・朝鮮語など非常に限られる。ついでだがフランス語やトルコ語や韓国・朝鮮語には唇を突き出す円唇母音「ウ」もまた存在する。基本母音が五つで、それが日本語とまったく同じという言語は珍しい。

ネイティブスピーカーが何をいおうが、経験豊かな語学教師はそんなことで動揺しない。規範は規範である。それを身につけてから現実に合わせて微調整すればいいのであって、最初から現実を追いかけることはない。外国語を学ぶには順番がある。ネイティブスピーカーでも教育経験のある人や慎重な人は、このことを正しく理解している。

学習者には悔しいかもしれないが、学校文法は非常によくできている。矛盾を指摘することは簡単ではない。もしそれが発見できれば、言語学の論文が書ける。とはいえ、そんな恰《かっ》好《こう》のテーマがそれほど転がっているわけではない。規範とは違った新しい傾向を捉えるのが関の山だ。

もうすこし、学校文法と仲良くしてほしい。

「払わせてください」

外国語に限らず、母語の文法についても不安はつきものである。その代表が日本語の場合**ら抜きことば**かもしれない。

日本語で動詞の可能形を作るとき、上一段動詞と下一段動詞で「ら」を落として発音すると、「見られる」が「見れる」、「食べられる」が「食べれる」のようになる。か行変格活用では「来られる」が「来れる」になる。これは果たしてことばの乱れなのか、あるいは時代に伴う変化なのかという論争は、広く知られている。『ら抜きの殺意』という戯曲まであるくらいだ。

ら抜きことばの歴史は古く、すでに昭和初期から記録があるという。終戦直後ではせいぜい十数パーセントしか使っていなかったものが、一九七〇年代中頃には半数以上となり、あっという間に浸透したらしい。戦前生まれのある言語学者は、自分では決して使わないと豪語していたが、ラジオ放送で録音された自分の発言の中に、ら抜きことばが無意識のうちにくり返し使われていて、ショックを受けたという。おそらく将来的にはら抜きことばのほうが規範となるだろう。だが現在はまだその段階まで達していないようで、テレビではバラエティー番組でさえ、実際にはら抜きことばで話していてもテロップだけは「ら」を補っていることが多い。

ら抜きことばの反対に、本来は不必要なところに余計な音を加える例もある。それが**さ入れことば**だ。

動詞の使役形を作るとき、上一段動詞の「見る」は「見させる」、下一段動詞の「食べる」は「食べさせる」のように語幹に「させる」をつけるが、この方法が五段動詞にまで拡大され、「帰る」の使役形が「帰らせる」ではなく「帰らさせる」になってしまうのである。「体調が悪いので、きょうは早く帰らさせてください」のように使う。このような表現の背景には、決定権は相手にあって、その決定に沿って自分が行動すれば利益を受けることを暗に示し、おかげで丁寧に聞こえるのだという。つまり改まった表現のつもりで使うのである。そこまで神経を使わなければならないのか。

そもそも最近はことばに神経質すぎる。相手の機嫌を損じてはならない、自分が生意気に見えるといけない、そんな気持ちから奇妙なまでに遠回しの表現を使いたがる。「やる」はすべて「あげる」に言い換え、「させていただく」を連発し、相手構わず「様」をつけ、へりくだりのつもりなのか、何かにつけて「緊張しました」。芸能人が広めているのかもしれないが、そのような風潮が過剰修正をもたらすのかもしれない。

わたしはそのようなことば遣いをしない。相手を傷つけるような表現は避けるが、不必要にへりくだった態度はかえって失礼なので、ふつうに表現したい。「税金を払わさせていただきます」はもちろん、「払わせていただきます」でもなく、「払います」。国民の義務を果たしているだけなのだから、これで充分ではないか。

その場しのぎでいい

過剰修正は相手を不快にさせてはいけない、相手から叱《しか》られないようにしたい、さらには自らの無知が暴露されて相手から蔑《さげす》まれないようにしたいと気を遣った結果として、生じてしまうように見える。

それでは、笑われる心配がなければどうだろうか。

たとえば買い物。市場で売っている飲み物がすごくほしくなった。あなたは買いたい、相手は売りたい。どちらもやる気満々である。だが悲しいかな、ことばが通じない。そういうときはどうするか。

諦《あきら》める？　そういう人もいるだろう。だが本当に喉《のど》が渇いていれば、身ぶりでも手ぶりでも使って、なんでもいいから自分の意思を通じさせようと努力するのではないか。値段の交渉には、電卓で打ち出される数字が役に立つだろう。とはいえ相手の提示した価格に応じるか、あるいは拒絶するかは、数字だけでは難しい。相手の話す言語の単語をすこしでも知っていたら、とりあえず使ってみる。発音なんか気にしていられない。文法に拘《こだわ》っている場合ではない。ここまで真剣になれば笑われるかどうかなんて気にならない。

そのとき相手はどうするか。商品を売りたいのだから、笑おうなんて絶対に思わない。もちろん不快にも感じないし、叱りもしない。文法の先生ではないのである。安心していい。それどころか、意思疎通を図るためには自分も懸命になる。知っている語彙と文法を駆使して、なんとか意思を伝えるために努力してくれるのではないか。

こんな感じでお互いに歩み寄って、その場限りのコミュニケーションをするために即興で作る共通語をピジンという。

ピジンは複数の言語が接触したときに生まれる。それぞれから語彙や文法を採り入れるので、一部はある言語に近いけれど、別の部分はもう一つの言語に近いということもある。文を組み立てるにはどんな場合にも一定の文法が不可欠だが、ピジンでは簡略化されていることが多い。その場限りの即興なんだから、複雑な文法なんていらないのである。語彙数も限られるが、代わりに一つの単語に多くの意味を持たせることがあるという。

ピジンの記録はあまりない。そもそも即興なのだから、ふつうはその場で消えてしまって残らない。かつてピジンについてわたしが別の本で採り上げたときは、言語学入門書に挙がっていたアメリカの言語学研究雑誌からの例を引用したが、同じものばかりを使うのはどうも躊躇いがある。何か他のものを提供できないか。

ふと、自分はピジンを使っていたことはないかと振り返ってみる。

わたしも外国人として外国語を駆使して買い物することがあるが、それほど得意ではない外国語の場合、会話は多かれ少なかれブロークンになる。母語が影響することもある。さらに相手が気を利かせて、英語を混ぜてくれることもある。つまり、限りなくピジンに近い。

だが正確に記憶しているわけではないし、そもそもそんな恥ずかしい会話は早く忘れたい。

そうだ、こんなことがあった。

二十代の頃、わたしは大学や大学院の学費を稼ぐためにロシア語通訳のアルバイトをしていた。当時はペレストロイカが進みはじめ、日本とソ連の交流が急に高まったのだが、通訳ができる人が限られていたので、重宝がられてよく仕事をした。なかでも日本の友好代表団を率いてソ連に行く仕事は、公式行事などが多くて大変だったが、現地に行けるので嬉《うれ》しかった。

ソ連で通訳をするときは、ソ連側の通訳と組んで仕事をすることが多い。国営旅行会社インツーリスト所属の日本語通訳たちには、ずいぶんいろんなことを教えてもらった。ワジームさんやセリョージャさんは、駆け出し通訳のわたしにとても親切にしてくれて、いっしょに働くのが楽しかった。

昼間の代表団通訳で疲れ果てた後、夜はホテルの部屋に集まって、買ってきたビール片手にみんなでお喋《しゃべ》りするのだが、そのときの会話はいったい何語だったか。はじめはロシア語が未熟なわたしに合わせて、ワジームさんもセリョージャさんも日本語を使ってくれるのだが、ビールが進むにしたがってロシア語が増えてくる。最初は単語レベルだったものが、次第に文法レベルに、名詞だけでなく他の品詞にまで広がっていく。

「きょうはすごくウスターリ（疲れた）」

「ダー（うん）、本当にね」

「あの長いスピーチしたヂャーヂャ（おじさん）、あれクトー（誰）？」

「ああ、オン（彼）、偉い人なんだって」

「セリョーズナ（マジ）？」

「ダーダー（そうそう）、オン（彼）オーチン（とても）偉い」


こうやって再現するだけで充分に恥ずかしいが、気心の知れた通訳同士ともなると、こんな感じになってしまうことが多かった。

国際結婚したカップルでも、お互いの会話がピジンに近くなるようで、「何語でもないことばを話しているんだけど、通じてはいるのよね」というような話を聞いたことがある。

いずれにせよ、それが記録されることはない。

ことばは歩み寄りの産物

通訳同士はともかく、夫婦間でこのようなことばをいつでも使っていたら、その子どものことばはどうなるか。当然このピジンを覚えていくだろう。

夫婦間に限らず、その地域で二つのことばがいつでも混在していて、誰もがピジンでコミュニケーションをとり、それが長く続き、さらには次世代へと継承されていくとしたら、その場しのぎとはいえなくなってくる。しかも不思議なことに、はじめは即興だったはずなのに、みんなが使っているとピジンには共通点が出てくるのが一般的で、ついには地域の共通語となってしまうことだってある。その共通語が母語だという子どもが現れれば、その場限りの即興とは完全に違う。これを**クレオール**という。

クレオールは言語名ではない。カリブ海のハイチにはハイチ・クレオール語という言語があるが、クレオールには違いないものの、これだけではない。たとえばパプア・ニューギニアにはトク・ピシン語という言語があって、これもクレオールである。トク・ピシン語は現地の総人口のうちおよそ三〇パーセントが使う共通語で、議会で使われ、政府の機関誌やラジオ放送があるのだから、その起源はともかく、現在ではその場限りの即興ではまったくない。トク・ピシン語といってもピジンではないのだ。名称に惑わされてはいけない。

クレオールはピジンよりも広く使われ、語彙も豊富になって、文法も複雑になっていく。母語として使う人がいる以上、込み入った内容も表現できるように、だんだんと整備されていくのである。

クレオールのような混成言語は、何か不純なものとして蔑まれることが多い。いろんな要素が合わさったおかげで豊かになったとは考えず、「崩れた」「堕落した」「下品な」といった否定的な評価が伴う。だが言語のなかには、今でこそ有力言語であるものの、かつてはクレオールだったという例もある。

たとえばスワヒリ語。日本ではアフリカの言語といえばスワヒリ語というくらい知名度が高いが、アフリカ大陸全体をカバーするわけではなく、主としてケニア、ウガンダ、タンザニアなどの東アフリカで使用される言語である。このスワヒリ語は八世紀に、アラビア語を話す商人と現地のバンツー諸語の話者が接触して生まれたらしい。つまりクレオールということになる。

それだけではない。フランス語もクレオールだという考え方がある。フランス語はガリア語とラテン語が歩み寄ってできたというより、むしろガリア語がラテン語に呑《の》みこまれるようにして形成された。だが部分的にはガリア語の痕跡《こんせき》も残っている。何よりも二つの言語が接触して新たな言語が生まれたのだから、やはりクレオールではないか。

カリブ海地域やアフリカなどのクレオールは「崩れた」「堕落した」「下品な」言語で、フランス語は洗練された言語と考えるとしたら、それは偏見である。どんな言語も、その話者にとってはかけがえのないものである。言語学は学校文法のような規範を示す一方で、混成言語に対して偏見のない態度でこれを扱う。

誰に向けたメッセージなのか

この章を振り返ってみると、人を不安にさせるのは第三者による評価であることが浮かび上がってくる。発音が悪いとか、表現が変だとか、文法語尾が正しくないとか、そのような判断を下すのは教師だったり、ネイティブスピーカーだったり、あるいは言語に対して何か一家言ある面倒な人だったりする。

だが彼らはコミュニケーションの対象ではない。情報を交換したい相手はもっと柔軟に対応してくれることが多い。ことばは世間が考えるより、ずっとしなやかなものである。

外国語の学習段階では、第三者による評価に耳を傾け、自分のことばを調整していくほうがいいだろう。だが本番では細かいことを気にせず、大胆に会話を試みてほしい。ついでだが、外国語学校に通ってネイティブスピーカーと会話しても、それは本番ではない。

もう一つ、自分に向けられていないメッセージは理解しなくていい。

真面目《まじめ》な人が海外に出かけ、電車に乗っていたら現地の人が車内でお喋りしていたのだが、その会話がまったく分からなくてショックを受けたというような話を耳にする。だがそんなものは分からなくていい。そもそも人の話を立ち聞きするのは失礼な行為である。

ことばをコミュニケーションの手段だと考える人は多いが、実はその裏返しとして、ディスコミュニケーションの手段にもなるのではないか。つまり関係ない人には故意に理解できないようにすることができる。同じ職業の人同士が、部外者には分からないように特別なことばをわざわざ使ったりする。そんなものは分からなくていい。犯罪に荷担しようというのでなければ、隠語だっていらない。もっとも、ミステリー小説を読むときには多少は必要かもしれないが。

余計な不安を解消することが、外国語学習では大切である。言語学の考え方を採り入れることで、気持ちがすこしでも軽くなることを願っている。

第三章

空気を読む
——柔軟な言語学

コミュニケーションの道具？

世間では外国語を学習することが広く推奨されている。一方でことばの構造や機能、しくみそのものを対象として取り組むことは、不思議なことに歓迎されない。ことばが大好きで、熱心に文法表を暗記したり、微妙な語法を調べたりしていると、どこからかこんな声が聞こえてくる。

「ことばそのものを目的にしてはいけないよ。ことばなんてただの道具なんだからね」

道具は使ってこそ意味があり、ことばそのものに熱心になることは、本末転倒というわけである。だから言語学は嫌われる。

この「ことば道具論」は非常に根強い。学校の先生が吹き込むのか、外国語学部生でさえ信じて疑わず、ことばそのものに取り組むことを避け、中途半端なコミュニケーションばかりを追い求めてしまう。おやおや。

一口に道具といっても、ごく簡単なものから相当に複雑なものまで、実にさまざまだ。コンピュータは複雑なほうだろう。だがことばはそれよりはるかに複雑である。そこには人間の気持ちが込められているからだ。

ことばを道具に譬えてみると、いろいろと無駄があることに気づく。

たとえば同じ意味の単語なんて不要ではないだろうか。例を挙げれば、排泄《はいせつ》をおこなう場所は「便所」一つあれば用が足りるのに、「お手洗い」「御不浄」「トイレ」などいろんな言い方がある。そんな道具は使い勝手が悪いし、不経済だからまとめてしまったほうがよさそうなのだが、決してそうならない。むしろ「化粧室」とか「パウダールーム」など、新しい語は増える一方である。

直接に言い表すことが躊躇われるとき、別の表現に置き換えることを婉曲《えんきょく》語法という。人間社会には排泄、性交、死など、露骨に口に出すことが憚《はばか》られる話題がいろいろある。そういうときは何かもっと穏やかな言い方はないものかと、人はことばを探す。気持ちが込められるとは、こういうことである。

何も自然崇拝をしていた太古の話ではない。現在だって続いている。冠婚葬祭では気をつける表現が多い。弔電では「死」ではなくて「ご逝去」というのが一般的ではないか。結婚式における忌みことばも同様で、「別れる」と口にしたところでそのまま実現するはずがないことは誰もが知っているのに、「お開き」のような表現を選ぶ。

改まった場面に限らない。あるとき電車に乗っていたら、親子連れが乗り込んできたのだが、離れたところに空席を見つけた小学校低学年くらいの男の子は、母親に向かってこういった。「あそこに座ろうか？」

あそこに座りたい、ではない。そういう直接的な表現は避け、もっと柔らかい言い方を選んでいる。子どもだってこれくらいの気は遣える。

婉曲語法は日本語に限らない。鶴田庸子、ポール・ロシター、ティム・クルトン『英語のソーシャルスキル』（大修館書店）によれば、英語で人に何かをやってもらおうとするときに使う主な表現には、Will you …?　Would you …?　Would you mind -ing…? からはじまって、Can you …?　Could you …?　Do you think you could …?　I don't suppose you could … Do you think you could possibly …?　I don't suppose you could possibly …　You couldn't (possibly) …, could you?　I was wondering if you could …　I was wondering if you could possibly …　などがあり、後になるほどソフトな表現だという（九〇ページ）。なんでもかんでも please で済ませるわけにはいかないことを強調するため、挙がっているすべてを挙げ

てみた。その使い分けは非常に微妙で繊細なものである。日本語はあいまい、英語はストレート。そんなふうに信じている日本人は少なくないが、とんでもないことだ。この本を読んでいると、自分がこれまで使ってきた英語にはいろいろと失礼があったのではないかと、少なからず不安になってしまう。

どんな言語にも婉曲語法があり、人は時と場合に応じて、丁寧で柔らかい表現を選ぶ。通じればいいんだという乱暴な発想で、ことばを選ばずに直接的な表現をぶつけていると、相手を不愉快にさせてしまう危険性すらある。そんなコミュニケーションでいいのだろうか。道具にしては複雑すぎる。

さまざまな比喩

物事を説明するとき、ほかの物事との類似を利用して表現することを比喩という。比喩もまたあらゆる言語に見られる現象である。

比喩にはいくつか種類がある。「ような」「ようだ」などを使って直接に比べるのは直喩という。「民《たみ》さんは野菊のようだ」「政夫さんはリンドウのようだわ」といった具合に、たとえ人間と植物を比べていても、「ような」があれば譬えていることが分かる。

「ような」を使わずに譬えるのが隠喩である。メタファーという英語起源の外来語でも知られている。「氷の刃《やいば》」「人生は旅である」「黒田先生は鬼だ」のように、日常でもよく使われる。「ような」がないため、さらに印象が強烈になり、効果も上がる。

言語学の授業で隠喩の例を考える課題を出し、英語でもいいよというと、必ず挙がるのが **He is a lion in battle.**「彼は戦場の獅子《しし》である」。多くの学生がこの例ばかりを挙げるので不思議だったのだが、謎《なぞ》はすぐに解けた。有名な英和辞典で **metaphor** の項目にあるのだ。それを電子辞書だかインターネットで見つけて、そのまま書いてくるのである。こういう安易な学生に対してわたしは厳しく、その課題は○点となる。「黒田先生は鬼だ」といわれる所以である。それを英訳してほしいのだが。

直喩と隠喩は似ているものを並べるときに「ような」があるかないかの違いだけなので、それほど難しくない。もうすこし複雑なのが換喩である。換喩は物事を説明するとき、それと密接に関係するもので表現する。置き換えるから換喩というわけだ。「白バイ」で白バイ隊員の警官を表すようなものである。

密接に関係するということで、産地など地名の挙がることが多い。九谷焼の代わりに「九谷」、西陣織の代わりに「西陣」とすれば短くなるので経済的である。「フランクフルト」なんて、地名よりソーセージの種類として使われるほうが多いのではないか。物に限らず、「スパルタ」が厳しい鍛錬を通した教育を示すような例もある。もっと一般的に、横浜に住む伯父《おじ》さん一家を「横浜」のような換喩で呼ぶことなら、どこの家庭でもやっているはずだ。

換喩は政府や政界、国家元首を表すときによく用いられ、日本は「永田町」、アメリカは「ホワイトハウス」、ロシアは「クレムリン」のように表現する。なぜ直接に「日本政府」とか「アメリカ大統領」などと表現しないのだろうか。忌みことばでもあるまいし。

それだけではない。「キツネそば」には油揚げがのっているが、これはキツネが油揚げを好むという民間伝承に基づく換喩である。実際のキツネは肉食だ。「カッパ巻き」のキュウリなんて、伝説上の生物の好みだ。ことばが道具だったら《キュウリ巻き》以外は無駄と判断し、他の表現は許さないのではないか。

それでも人間は、あらゆる地域で比喩を好んで使っている。

空気を読むのが当たり前

比喩に限らない。人間は常日頃から、なんとも複雑な言語活動をしている。

たとえば「今日はだいぶ冷えますね」といった表現。気温なんてわざわざ口に出さなくても、皆が肌で感じていることである。気象予報士でもないくせに、どうして天気の話題を持ち出すのか。

単なる挨拶《あいさつ》ということも考えられる。とはいえ挨拶だったら「こんにちは」で充分なはずなのに、「今日はだいぶ冷えますね」というのはなぜか。気温情報を通して相手への配慮を示すのか。いろいろと複雑な心理が想像される。

それだけではない。ある一定の文脈が整えば、この「今日はだいぶ冷えますね」はいろんな意味を持つことになる。

たとえば知人といっしょにどこかへ出かけるとする。外に出てみれば気温はマイナスに迫る寒波。行先まではけっこう距離がある。そこで「歩きますか、それともタクシーにしましょうか？」と尋ねてみた。すると知人はこう答えた。

「そうですねえ、今日はだいぶ冷えますね」

冷え込むときにわざわざ徒歩で行きたがる人はいない。これはどう考えても「タクシーにしましょう」という意味だろう。そんなことを瞬時に判断するのではないか。

もちろん文脈によっては意味も変わってくる。わたしのように寒いのが大好きで、マイナス二十度くらいから元気になる人間だったら「これだけ寒いと、元気よく歩きたくなりますよね」という意味で使うかもしれない。

このように発言者と文脈によって、同じ発言がいろいろ解釈される。

「今日はだいぶ冷えますね」⇓窓を閉めてくれませんか

「今日はだいぶ冷えますね」⇓ストーブを入れてもいいですか
「今日はだいぶ冷えますね」⇓水泳大会は中止しましょう
「今日はだいぶ冷えますね」⇓夕食は鍋にしませんか
「今日はだいぶ冷えますね」⇓これから一杯飲みに行こう！

だったらハッキリそういえばいいのに。だがこれが人間の会話なのである。とくに遠回しというほどではないけれど、ストレートに情報を伝えるのではなくて、なんとなく一捻《ひとひね》りした表現を使いたがる。ちょっと気の利いた表現がみんな大好きなのだ。しかもそれが伝わらないとなると、悲しかったりイライラしたりするのだから、なんとも始末に悪い。

お互いに理解するために、どのようなメカニズムが働いているのか。

会話には話し手と聴き手がいる。話し手は何も考えないで話をはじめるわけではない。まず聴き手がすでに知っていることに基づいてメッセージを送ろうとする。そうでなければ聴き手はワケが分からなくなってしまうから、そうならないための配慮である。

だがそれだけだったら、「今日はだいぶ冷えますね」のようなあいまいなことをいう必要がない。ところが話し手は聴き手が自分のメッセージをどのように受け止めるか、事前に把握していることが多い。おかげで「今日はだいぶ冷えますね」のように、なんとでも理解できそうな表現を使っても、ちゃんと分かり合えるようになっている。つまり空気を読んでいるのである。

相手の発言から類推する

このような「空気を読む」という観点から言語の意味を探る分野を**語用論**という。語用論は話し手が伝えようとする意味について考える。その意味は辞書を引いても載っていない。文脈とか、ふだんの言動とか、性格とか、いろんなことを総合的に判断して理解する。つまり空気を読むのである。

聴き手は話し手の発言をそのまま受け取らない。

あるときわたしは言語学の授業に眼帯をして行った。最前列に座る学生が「いったいどうしたんですか」と尋ねてくるのに対し、「いや、なんでもない」と答える。だが学生はちっとも納得していない。そこで眼帯を外す。実際になんでもない。そう、本当になんでもなかったのだ。語用論を考えるために仕組んだトリックなのである。ひどい教師だ。

眼帯をしたり、包帯をしたり、あるいは松葉杖をついて歩いたりしている人が「なんでもない」といっても、人はそのまま信じない。本当はひどい状態なのに、心配をかけまいとしてそういっているのではないか。あるいは具合が悪いことを恥じて、素直にいえないのではないか。眼帯や包帯や松葉杖があるのだから、「なんでもない」ことはありえない。

こんなふうに人は類推するのである。人はことばより別のものを信じているのかもしれない。もっともわたしの場合は、ふだんからヘンなことばかり発言しているので、そもそも信用がないということもある。だがそれはそれで、聴き手が判断する材料になっている。

眼帯や包帯や松葉杖のような目に見えるものからだけでなく、発言そのものから判断することがある。

A「黒田さんは退院しましたか、それとも入院中ですか」

B「彼はまだ入院中です」

これは質問に対する答えにすぎない。

A「黒田さんにお願いしたいことがあるのですが」

B「彼はまだ入院中です」

この場合には「すぐに何かを頼むことができない」という意味に判断されるのがふつうだ

ろう。

A「黒田さんにお会いしたいのですが」
B「彼はまだ入院中です」

こうなると「ここにはいないので会うことができない」という意味かもしれないし、あるいは「会いたければ病院に行かなければならない」という意味かもしれない。解釈は常に文脈によるのだが、人はなんとか空気を読んで、適切な判断をする。

ことばが単なる伝達手段なら、「会えません」とか「いません」といえば済む。だが現実には、そういうストレートな答えをしないことが多い。

こんなに面倒な道具があるだろうか。

欠席は欠席である

単なる伝達手段でないことを示すのによい例が、同語反復である。

大学生が勉強に熱心でないわりに成績を気にするのは、今も昔も変わらない。わたしが何もいわなくても、欠席や遅刻をすれば成績が下がると心配している。そこで相談に来る。

「最近、欠席が多かったのですが、それにはいろいろワケがあり、たとえば先月上旬はおばあちゃんが入院して、それから下旬はバイトが忙しくて、先週は出かけようとしたら隣が火事になって大騒ぎで、あと弟が悪い仲間とつき合うようになって……」

いいかげん聞くのに疲れたわたしは一言こういう。

「でも、欠席は欠席だよね」

これが驚くべき効果を現す。本来、伝達という視点からこの発言を検証すれば「A＝A」といっているようなもので、何の意味もない。だがそれを根拠にして「先生、そんなことは分かっていますよ。そうじゃなくて、いろんな理由があって欠席が多くなってしまったボクの成績を手加減してくれるかどうか、そこが聞きたいんですよ」と反論する学生は、これまで一人もいない。

「やっぱりそうですよね」

こちらが圧倒的である。これは学生が、たとえどのような理由があろうと欠席したことには変わりがないという、わたしの意図を汲《く》み取ったからである。どのような理由にせよ、欠席したことは事実で、部分的に同情には値するものの、それによって成績に手加減を加えるわけにはいかない、といった複雑な内容が「欠席は欠席」だけで伝えられる。非常に便利である。

同語反復を使った例文を学生に作らせると、なかなか面白い。合格は合格。ダメはダメ。わたしはわたし。あなたはあなた。もっともよく挙がるのが「うちはうち、よそはよそ」で、どの家庭でも説明や説得が面倒なときには同語反復が大活躍している。学生は当時の悔しさを子ども心に覚えているので、このような例を挙げるのだろう。だがまもなく、自分でも使うようになる。

一捻りした表現と、それを適切に理解してくれるだろうという期待。言語活動はこんなにも複雑で、多くの人がそれを好んでいるのである。

狙いどおりに伝えるために

どんなに遠回しな表現が好きでも、あまりにも好き勝手にやりすぎてしまえば、たとえ親しい相手でも何をいいたいのか伝わらない。

会話が成り立つためには、暗黙の了解が必要である。

まず会話に参加する者はお互いに協力し合うことが大切である。話し手は正しく伝えようとする。「正しく」とは話し手が伝えたいことを狙いどおりに伝えることである。それを聴き手は理解しようと努力する。このような前提がなければ、理解し合えない。これを**協調の原則**という。

正しく伝えるには、どうしたらいいのか。

まず関係のないことをいわない。急に違うことを話題にされたら、誰だって戸惑ってしまう。ところが実際にはこういう人が少なくなくて、聴き手は話についていけず、困ってしまう。

また情報量は適切にしてほしい。大雑把すぎるのも、細かすぎるのも困る。おじさんが交通事故に遭った話なのに、そのおじさんの職業とか学歴とか資産とか、事故と直接に関係のない話題が次々に展開されれば、いったい何がポイントなのか聴き手は分からなくなってしまう。

もちろん嘘はいけない。話し手のおじさんが財布を拾ったといえば、聴き手はそれを真実のこととして続きを聴く。そこが事実と違っていたら困惑する。そもそもおじさんが存在してないとしたらもっと困惑する。そういう嘘はやめてほしい。話題の大前提となる根拠が正しくなければ、聴き手にはまともな判断ができない。

さらには順序立てて話してほしいし、その際には明瞭《めいりょう》に発音してほしい。小声でボソボソと話をされては、当然ながらよく分からない。口の中にものが入っていたり、歯ぐきが腫《は》れていたりすれば、理解の妨げになる。

話し手は以上のようなポイントを守り、正しく伝える努力をしなければならない。これが協調の原則である。

協調の原則は礼儀作法ではない。だがスピーチなどではこれを守るのがマナーのようにも思える。急に違う話をされたり、クダクダと話をされたりすると分かりにくいので、気をつけてもらいたい。とはいえ、これは何も特別なことではなく、誰もがこういったポイントにしたがって会話をしているのである。そうでなければ伝わらない。

いや、そうだろうか。

それでも伝わっている

たとえば次のような会話について考えてみる。

A「これから晩御飯を食べに行かない？」

B「お金がないので行けません」

これは相手の質問に対して的確に、過不足なく、嘘でもなく、明瞭に答えており、協調の原則をすべて満たしている。

では、次はどうか。

Ａ「これから晩御飯を食べに行かない？」
Ｂ「いま給料日前なんだよね」

ありがちな会話である。だが協調の原則からいえば、まったく関係ない話題が急に飛び出しているので、守るべきポイントの一部を無視していることになる。ではその結果まったく何も伝わらないかといえば、そうでもない。ＡはＢが金欠《きんけつ》だから行けないということを、適切に解釈する。つまり「お金がないので行けません」と同じことが伝わっているのだ。Ｂだって当然それを伝えたかった。つまり会話は問題なく成立しているのである。

他の例も考えてみる。

Ａ「何を読んでいるの？」
Ｂ「本よ」

本を読んでいることは、ふつう見れば分かる。これでは情報が足りない。だがＢの答えから、ＡはＢが話しかけてほしくないことを感じとり、Ｂもそれを期待している。Ａは静かにしたほうがよさそうだ。話したい相手、親しみを感じている相手だったら、Bだってそんな答え方はしない。

A「昨日の面接どうだった？」
B「死んだ」

死んでいる人間は話ができないので、Bは明らかに嘘をついていることになる。そんなふうに杓子定規《しゃくしじょうぎ》に解釈するほうが、むしろコミュニケーションの阻害である。Bの発言を聴いたAは、ははあ、これは相当できなくて、ガックリ落ち込んだということを伝えたいんだなと理解する。もちろんB自身もそのつもりで発言している。

A「これがオレの彼女の写真なんだけど」
B「うん、なんていうか、その、すごく前衛的なヘアースタイルで、あと、服装のセンスも独特だけど、うん、ほら、芸能人の誰にも似ていないところが個性的だし、ええと、きっと性格がいいんだろうね」

Bの発言は簡潔でなく、明瞭でもない。だがこれによってBは写真の女性が好みでないことを遠回しに伝えている。というか、こんなふうに答えれば、イヤでも伝わってしまうのである。このあとAは「オレは彼女のルックスに惚《ほ》れたんだよ！　だいたい写真じゃ性格なんて分からないだろうが！」と機嫌が悪くなる。実話である。

つまり協調の原則なんて、一つや二つ欠けても会話は成り立つのである。むしろそのほうが、ちょいと気の利いた、ウイットに富んだ話ができるのではないか。

協調の原則のあらゆるポイントを完全に順守した会話は、まったく面白みがない。

A「これは誰ですか」
B「わたしの母です」

相手の求めていることに対して、嘘をつかず、明確に、適切な分量で答えている。だが、確かにつまらない。

こういった会話は外国語の入門書に多い。「あなたの家はどこですか」「ここです」「あなたにはきょうだいがいますか」「はい、わたしには姉と弟がいます」。

そんな会話に虚《むな》しさを感じるとしたら、それは協調の原則を順守しすぎているからかもしれない。実際の会話とあまりにかけ離れているため、なんだかバカバカしく思えてくるのではないか。

どうやら人間の会話は、何らかの含みを持たせていることが多いようだ。そういう含みが完全になくなったとき、会話は分かりやすいかもしれないが、面白くもなんともない。それでは不満なのである。

こんな厄介なものが、道具なのだろうか。

読めない空気を無理に読むと……

ことばというものがいかに複雑なものかを紹介してきたが、これほど複雑なのにもかかわらず、人はその含みを解釈し、適切な判断を下してしまうのだから、本当にすごいことである。

それでも空気を読むには限界がある。

たとえば「あした」はどの時点で発言するかで解釈が変わってくる。今日発言する「あした」は一日後だが、一日前に発言した「あした」は今日だし、一日後に発言する「あした」は二日後つまりあさってである。

また、わたしが発言する「わたし」は自分のことだが、あなたが発言する「わたし」はあなたのことである。彼が「わたし」といえば彼のことだ。当たり前である。

このように、時間や場所などがはっきりしないと判断できない言語表現を直示という。代名詞なんかはどれも直示だし、名詞だって太陽や月のように唯一無二のもの以外はたいていが直示となる可能性がある。具体的に何を示しているのか、ちゃんと説明してほしい。

だが人は、ときに相手も当然それが分かると勘違いすることがある。

ある商店の前に小さな張り紙があった。

「三十分したら戻ります」

いったいどの時点から三十分が経過すれば戻ってくるのか。それを書いた人にとっては当然「いま」なのかもしれないが、こちらにはその「いま」がいつか分からない。つまり、これでは何も伝わらない。

「彼女が眠っていたんです」

こういう発言は、その前に「彼女」が誰であるか明らかにしてくれなければ意味をなさない。ところが話し手は「彼女」が誰かなんていうまでもないと信じているのだ。あるいはすでに話したつもりになっているかもしれない。そうなると解釈が不可能である。

アガサ・クリスティーのミステリー小説を読んでいると、こういう困った話し手がしばしば登場する。本人にとっては自明のことである「彼女」がいったい誰なのか、ミス・マープルが問い質《ただ》すまではっきりしないというようなことがよくある。その結果、村の住民も警察も、さらには読者も合わせて、みんな誤解したまま話が進んでしまう。

ここでわたしは考えた。誤解するというのも、空気を読んだ結果なのではないか。

話の中で誰だかはっきりしない「彼女」が出てきたとき、人はどうするだろうか。すぐに問い質せばいいのであるが、実はこれが難しい。話を途中で遮ってはいけない気もするし、他の人はみんな分かっているような気がして、率直に言い出せないときもある。

そういうときはどうするか。

「彼女」が誰だかはっきりすることを期待して、話の先に耳を傾ける。

あるいは勝手に解釈してしまう。

そう、多くの人は話を遮ることを避け、代わりに自己流の判断を下してしまうのである。

会話だけではない。たとえば授業中、いまいちアヤフヤなことは教師に質問して確認すればいいものを、自分で勝手に解釈してしまい、その結果びっくりするような答案を書いてくる。

そんなこと授業中に説明したっけ？　イヤ、してない。学生が勝手に判断したことだ。ないはずの空気を勝手に読んでしまった結果である。

あいまいさはときに正す必要がある

人の発言はときに誤解を生むことがある。理解できないとき、何も伝わらなければまだマシで、それよりも勝手な解釈を生んでしまうほうが始末に悪い。多少はあいまいな表現でも伝わることはすでに見てきたが、それは話し手が意図し、聴き手が正しく理解しているときにのみ有効である。そうでなければコミュニケーションが成り立たない。

あいまいな表現とはどんなものだろうか。

「おじいさんの肖像画」という表現は、いくつかの解釈が可能である。

⇓おじいさんが描かれている肖像画
⇓おじいさんが描いた肖像画
⇓おじいさんが所有している肖像画

文脈によってはさらに他の解釈だってできるかもしれない。いずれにせよ、はっきりさせたければ必要に応じてことばを補わなければならない。
あいまいな表現は英語にもある。有名な例を一つ。

The police killed the man with the gun.

解釈①「警官はその男を銃で殺した」
解釈②「警官は銃を持った男を殺した」

この文の構造を、西洋風弥次郎兵衛《やじろべえ》モビールのような図を描いて説明することもできるようだ。だが文章作法からすれば、こういう表現は避けたほうがいい。

外国語学習でも同じである。初級の段階では協調の原則がすべて守られているような、面白みはないけれど無難な文を話したり書いたりしたほうがいい。また話の腰を折るようだけれど、分からないことはきちんと聞き質す。母語ではやりにくくても、ことばの不自由な外国人である特権を活かして、なんでもかんでも聞けばいいのである。

だがそんな会話はなんとも味気ない。だから語彙や表現が増えてきたら、協調の原則が一つくらい欠けているけれどウィットに富んだ表現をして、分からないことは意味を推し量ってコミュニケーションする。ここまでできて、はじめて道具が使いこなせるといえるのではないか。

「ことば道具論」を唱える人は、ごく表面的なものを覚え、それだけでことばが使いこなせているると勘違いしている。そんな人が外国語で楽しい会話ができるはずがない。

さらにまた、このような会話のしくみを考えることも、ことばそのものの構造や機能に取り組むことであり、つまりは言語学の一部なんですよ。

第四章

品詞もいろいろ

——多様な言語学

男性名詞と女性名詞

ベトナム語を専攻する学生が、興奮気味でこんなことを話してくれた。

「最近、ドイツ語の授業を取っているのですが、これがすごく面白いんです。ドイツ語って、名詞に男性とか女性があるんですよね。自分はこれまで英語とベトナム語しかやってこなかったんで、それがすごく新鮮なんです」

こういう気持ちは大切にしたい。こちらは文法性のあるヨーロッパの諸言語と長年つき合っているので、いまではすっかり慣れてしまい、特別の感情は正直なところすでにない。だが最初は誰だってビックリするのである。

ドイツ語に限らず、インド・ヨーロッパ語族のうちヨーロッパ側の諸言語では、名詞に文法性の区別のあるほうが多数派である。フランス語やイタリア語ではあらゆる名詞が男性名詞か女性名詞のどちらかに属する。ドイツ語やロシア語では男性名詞、女性名詞の他に中性名詞が加わる。スウェーデン語やデンマーク語では中性名詞は保たれているものの、男性名詞と女性名詞がいっしょになって共性名詞というグループを形成する。

英語には文法性がない。本当はないわけではなくて、文法書を調べたところ、英語には男性、女性、中性、通性の四つの文法性があるものの、文法上で問題になることは少ないと書いてあった。また ship のような船や、飛行機、自家用車などを表す語は代名詞 she で受けるので女性名詞だったりする。だが英文法では他にも覚えなければならないことが多く、文法性どころではないので、記憶している人は限られる。

名詞が男性と女性に分類される理由は、部分的には想像できる。「父」は男性で「母」は女性に決まっている。でも世の中には「鉛筆」とか「雑誌」とか、男性か女性かと問われても困る名詞だってあるはず。それをどのように分けるのか。そこがはじめて文法性に接した学生には新鮮なのだ。さらに中性とは何か。謎は深まるばかりである。

どうして名詞の性を区別しなければならないのか。大切なのは「その」とか「わたしの」とか「新しい」といった修飾語の形が、男性名詞、女性名詞、さらには中性名詞でそれぞれ違うことである。正しい形と結びつけるためには、分類が必要となってくる。ドイツ語では

「その」（英語の the）をつけるとき、「夫」Mann や「コーヒー」Kaffee には der、「妻」Frau や「ミルク」Milch には die、「本」Buch や「テレビ」Fernsehen には das がそれぞれ結びつく。そのとき der をつけるグループには男やオスを表す名詞が入り、die をつけるグループには女やメスを表す名詞が入るので、それぞれ男性名詞とか、女性名詞といった名称がついたのである。

だがドイツ語の入門書にはその例外が必ず挙がる。有名な例は das Mädchen で、意味は「女の子」なのに中性名詞である。女の子がいったいどうして中性なんだ？　という疑問に対して、生物学や社会学はともかく、文法では定冠詞の das をつけるからという単純明快な答えしかない。

それにしても「鉛筆」が男性（ドイツ語 der Bleistift、フランス語 le crayon）で、「雑誌」が女性（ドイツ語 die Zeitschrift、フランス語 la revue）とは、いくら決まり事とはいえ覚えるのも楽ではない。

さらには文法性がヨーロッパ共通というわけでもない。「鉛筆」や「雑誌」でドイツ語とフランス語の文法性が一致しているのは、そういう単語を選んだからである。そうはいかない例がいくらでもあり、たとえば「太陽」はドイツ語では die Sonne と女性だが、フランス語では le soleil で男性、一方「月」はドイツ語では der Mond で男性だが、フランス語では

la lune で女性と、正反対である。同じ言語内でも、ドイツ語の See は男性名詞 der See なら「湖」、女性名詞 die See なら「海」なのだから、なんとも微妙である。

ではフランス語とイタリア語ならどうか。どちらもインド・ヨーロッパ語族イタリック語派に属し、両言語ともラテン語から分かれたので、ドイツ語よりさらに近い関係である。ひょっとしたら名詞の文法性がすべて一致するのではないかと期待して調べてみたのだが、そうはいかないようだ。この単語は男性、こちらは女性というように、一つ一つ覚えるしかないという。

ただし、イタリア語はちょっとだけ楽だ。基本的に男性名詞は o、女性名詞は a で終わるという。もちろん例外が山ほどあるし、それ以外で終わる単語はやはり一つ一つ覚えなければならないのだが、それでも助かることには違いないし、気持ちもすこしは楽になる。

男性とか女性とかと表現するから、生物学的あるいは哲学的に考えてしまうのである。修飾語を区別するためのグループ分けにすぎないと割り切って、たとえば第一グループ、第二グループといった名称にすれば、妙な勘違いをすることもない。

だがそれでは味気ない。ベトナム語専攻の学生をワクワクさせるような文法用語も、ときには必要なのかもしれない。

後ろにつく冠詞

わたしの専門がロシア語などのスラブ諸語であることはすでに述べた。インド・ヨーロッパ語族スラブ語派に属するこれらの言語にも、名詞には男性、女性、中性の文法性があり、それに合わせて形容詞などには男性形、女性形、中性形がある。つまりドイツ語と同じなのである。

だったら得意なロシア語で説明したい。不案内なドイツ語やフランス語の例を挙げるのは常に不安がつきまとう。しかも間違いがないように辞書や文法書でいちいち確認しなければならないから、手間がかかるし面倒である。慣れている諸言語の例のほうがずっといい。

だがロシア語をもとに説明すると、文字の問題が生じてしまう。

言語学入門書の例は、ことばのしくみに注目してもらえるようになるべく分かりやすいものを挙げたい。だからといって日本語と英語だけではつまらない。一方でロシア語のように文字が違うものが挙がっていると、それだけで急に難しく感じられてしまう。文法性に関してはアラビア語にもあるそうなのだが、文字が難しいのに加えてわたし自身が不案内なので、正確に引用できる自信がない。どうしたものか。

そこで、他のスラブ諸語の例を挙げながら進めたい。

ロシア語の印象が強いためか、スラブ諸語はすべてキリル文字で書き表すと誤解されているが、そんなことはない。西スラブ語群のポーランド語、チェコ語、スロバキア語、ソルブ語、南スラブ語群のうちクロアチア語やスロベニア語などはラテン文字を使う。多少の付属記号を使うが、それでもキリル文字に比べればショックは少ないだろう。ということで、これからは随時、ラテン文字を使うスラブ諸語の例を参考に紹介していく。マイナーな言語が多いかもしれないが、だからこそ少し知っているだけで大歓迎されることもあるわけで、ついでに覚えておくのも悪くない。

スラブ諸語の文法性もイタリア語と同じく語末で分かることが多い。ポーランド語では子音で終われば男性名詞、aで終われば女性名詞、oで終われば中性名詞というのが大原則である。おかげで dom「家」、okno「窓」、ulica「通り」、miasto「町」、brama「門」がそれぞれどの性に属するか、たとえ意味が分からなくても語尾だけで判断できてしまうので、とても簡単だ。

もう一つ簡単なのは、冠詞がないことである。

英語を筆頭にドイツ語、フランス語、イタリア語など、ヨーロッパの言語には広く冠詞が用いられる。その用法には微妙なところがあり、学習者は常に悩まされるのだが、ありがたいことにスラブ諸語にはない。不定冠詞（英語のa）と定冠詞（英語のthe）の区別に悩まないで済む。世間ではとかく難しいとされるスラブ諸語だが、このように楽なこともある。

冠詞は限定されているかいないかを示す。原則として、不定冠詞がつけばその名詞は限定されない抽象的なものだが、定冠詞がつけば限定されて具体的である。文法性のある言語では、それぞれが性に合わせていろんな形があり、言語によってはさらに複数形があったりするので、なんとも厄介である。

冠詞というと「かんむり」だから頭に載せるイメージがあり、そのため単語の最初につく気がしてしまう。だが大切なのは限定されているかどうかなので、前にくるとは限らず、後ろにくっついて限定を示すものもある。スラブ諸語ではブルガリア語やマケドニア語がそうなのだが、おっと、これらはキリル文字で書き表すのだった。そこでラテン文字表記の言語から探せば、ゲルマン語派のスウェーデン語では限定詞が後につく。bok「本」は限定されていない形だが、後ろに en がついて boken となれば限定された形になる。このような限定詞はルーマニア語やアルバニア語にもあるという。

言語によってはこういうものを後置冠詞というが、わたしも「かんむり」は頭に被《かぶ》るイメージから離れられず、それを後置するといわれると、どうにも落ち着かない。

単数と複数の間

自分が曲がりなりにも理解できる言語がヨーロッパ系ばかりであるため、話題もどうしても偏ってしまう。数の問題についてもそうかもしれない。

日本語では単数と複数の区別が義務ではない。もちろん、いおうと思えばいえる。「五人の学生たち」のように「たち」をつければいい。しかし「五人の学生」でも別に構わない。ところが英語では five students のように、名詞を複数形にしなければ間違いとなる。

外国語学習で難しいのは、母語にない概念を学ぶことである。複数形とか、冠詞とか、あるいは名詞の文法性などは、はじめのうちは戸惑ってしまう。

だが難しいのは区別だけではない。区別しないのもまた戸惑う。日本語は「姉」と「妹」をはっきり分けるが、英語ではどちらも sister でいいという。これが落ち着かない。そういった不安を上手に解消したり、あるいは面白がらせたりできるのが、よい教師なのだろう。

世の中の言語は実に多様で、単数と複数のほかに「二」だけを表す数のグループを持つ言語もある。このグループを**両数**、または双数という。両面テープの「両」だし、双眼鏡の「双」だから、「二」を意味することはすぐに理解できるだろう。ここでは両数を使うことにする。

両数を持つ言語にはサンスクリット語とか、古典ギリシア語とか、現代語ではアラビア語などがある。だがここでは、スラブ諸語の一つであるスロベニア語の例を挙げる。

スロベニアはオーストリアの南に位置する小さな国で、かつてはユーゴスラビアを形成する共和国の一つだった。その公用語であるスロベニア語は隣のクロアチア語と非常に似ている。わたしはスロベニア語もクロアチア語もたいしてできはしないのだが、それでもクロアチア語のほうがまだマシなので、スロベニアの首都リュブリャーナでうっかりするとクロアチア語を使ってしまう。それでも相手はだいたい理解してくれる。とはいえ厳密には違いがたくさんある。両数もその一つで、クロアチア語にはない。

なるべく分かりやすい例を探そう。数を示す語尾に注目するため、単語も英語から類推のつくやさしいものがいい。telefon はどうだろうか。これなら多くの人が「電話」であると想像できるし、実際その想像を裏切らない。

スロベニア語の telefon は単数形なので、厳密にいえば「一機の電話」である。それが複数になると telefoni で最後に i が加わる。ここまでは実のところクロアチア語も同じで、複数形には語尾に i をつける。だが、ここから先が違う。スロベニア語にはさらに両数がある。「二機の電話」は telefona となる。よほど強調しないかぎり、数詞二はわざわざいわなくていい。telefona だけで二機であることが分かるからである。ということは複数形を使うと「三機以上の電話」を意味することになる。こちらも注意したい。

両数があるということは、名詞の形に気をつけるだけでは済まない。それを修飾する形容詞なども、両数に合わせて独自の形がある。動詞の活用も主語が二人のときはそれにふさわしい形にする。面倒なことがドミノ倒しのように連鎖する。

数について言語学の専門辞典で調べていたら、三数というものが存在すると書いてあった。オーストロネシア語族オセアニア語派に属する言語のうち、フィジー語のようにメラネシア地域で話される言語では、人称代名詞に単数、両数、複数に加えて、三数つまり三を示すための特別な形があるという。ということは複数が四人以上を示すことになる。なんとも複雑な体系である。

世間はしばしば誤解して、自然に恵まれた地域の言語が単純であると信じているが、単数、両数、三数、複数のように数の概念が細かくグループ分けされた複雑な言語もあるのだ。いい加減なウワサを信じてはいけない。

名詞が変化するということは

文法性や数は、日本語と比べて考え方がかなり違うので、とても難しく感じるかもしれない。だが、難しいのは他にもある。

たとえば変化。「名詞が変化する」という表現は、考えてみれば男性や女性の区別と同じくらい謎に満ちている。単数形から複数形ができるあたりは納得するが、それ以外にどんな変化があるというのか。

中学生時代のわたしは考えた。変化というのは、現在とか過去とか未来なのかな。ということは「カエル」の過去形は「オタマジャクシ」とか、「芋虫」の未来形は「蝶《ちょう》」とか、そういうことなのか。だとしたら「新聞」の未来形は「古新聞」か。これって未来なのか、それとも過去なのか。そもそも、果たして人類に未来はあるのか。

バカである。

まず現在とか過去とか未来とかによって違う形になるのは、ヨーロッパの諸言語の場合は動詞である。動詞は他にも命令とか仮定とかで形が変わってくる。さらに同じ現在や過去や未来でも、それぞれが人称や数や性によって形を変える。これを**活用**という。

だが名詞は活用しない。過去とか仮定によって形が変わるのではない。そうではなくて、文の中で果たす役割によって分類する。主語になるとか、目的語になるとか、所有を示すとか、そのような関係を示すのが**格**である。そしてそれぞれふさわしい格の形にすることを**曲用**という。

活用はともかく、この曲用という用語はどうも難しく響くようで、現在ではあまり聞かない。わたしもロシア語の入門書を書くときには「格変化」のような優しく響く用語を使うようにしている。それでも動詞の活用とはしっかり区別しなければならない。それなのに、ある西洋古典語の教材では名詞まで「活用」すると書いてあり、学生の間では誤解と混乱が広まっている。ここで正しておきたい。

格はいくつあるのか

インド・ヨーロッパ語族には、文中での語の関係を格で示す諸言語がある。ドイツ語には四つの格があり、それぞれ主語、所有、間接目的、直接目的を示し、順番に一格、二格、三格、四格とナンバリングがされている。

ナンバリングはしないが、英語にだって格がある。ただしそれは代名詞に限られていて、しかも主語、所有、目的の三つしかない。I＝主語、my＝所有、me＝目的というわけである。you, your, you とか、she, her, her のように、形が一部で同じになってしまうものもある。というわけで、それほど難しいわけではない。

英語に比べると、ドイツ語はかなり難しい印象を与えるようだ。ドイツ語学習者は定冠詞の変化を der, des, dem, den と唱えながら、どうだ、こんなに難しいんだぞと、すこし得意げである。

だが格がお好みなら、スラブ諸語はもっとある。

ロシア語ではドイツ語と同じ主語、所有、間接目的、直接目的に加えて、道具や手段を示す格と、場所を中心にいつでも前置詞と結びつく格がある。前置詞と結びつくといっても、あらゆる前置詞がこの格と結びつくわけではないからややこしいのだが、とにかくこの格は前置詞なしで用いることができない。

計六つのロシア語の格は番号で呼ぶことはなく、それぞれに名称がついている。主語を表すのが主格、所有は生格《せいかく》、間接目的は与格《よかく》、直接目的は対格《たいかく》、道具や手段は造格《ぞうかく》、そして前置格《ぜんちかく》である。

格の名称は言語によって違っている。スラブ語派ではないが、ラテン語では所有を示す格を生格ではなく属格《ぞっかく》というし、サンスクリット語では道具や手段を示す格を造格ではなくて具格《ぐかく》という。まぎらわしいので統一したいところだが、これがなかなか難しい。某大学のロシア語教師が、他の言語に合わせて生格を属格、造格を具格と呼ぶ教科書を作って教えた。だが他の先生は伝統的な生格や造格を使って教えた。その結果どうなったかといえば、一部の学生が混乱して、ロシア語には八つの格があると勘違いしていた。気の毒である。

改めてまとめておけば、ロシア語の格は主格、生格、与格、対格、造格、前置格の六つである。お間違えのないように。

スラブ諸語のうち、ポーランド語やチェコ語ではロシア語の六つの格に加えて呼格《こかく》という呼びかけに使う格がある。名称についてはロシア語を踏襲する言語が多いが、チェコ語はドイツ語のように番号で呼び、一格から四格までは同じで、五格が呼格、六格が前置格、七格が造格にそれぞれ対応する。スロベニア語でも同様だが、呼格はないので、五格が前置格、六格が造格となる。

それにしても、格は最大でいくつまであるのか。

インド・ヨーロッパ語族の場合、サンスクリット語のように格が八つというのが最大である。主語になる主格、直接目的などを表す対格、手段や原因を表す具格、間接目的などを表す与格、分離や比較などを表す奪格《だっかく》、所有を表す属格、場所を表す処格《しょかく》、そして呼びかけに用いる呼格である。

これだけ格が揃っているのは珍しく、多くの言語で何かが欠ける。ラテン語には具格と処格がなく、古典ギリシア語にはさらに奪格がない。現代語のうちスラブ諸語は処格が前置詞なしでは使えなくなり前置格に生まれ変わった。ちなみにスロベニア語では具格（＝造格）も前置詞なしでは使えない。

全体的な傾向を見ると、格は徐々に失われていく方向性が見えてくる。古典ギリシア語の五つの格から、呼格を引いたドイツ語、さらに直接目的語と間接目的語の区別がなくなった英語といった具合に、どんどん簡素化されていく。

一方でウラル語族のハンガリー語やフィンランド語については格がずっとたくさんあり、いったいいくつなのか、文法書によっても違うほどである。考えてみれば日本語だって、助詞を一つ一つ格と考えればその数は膨大なものとなる。この辺りはどのように区別をすればいいのか。

格変化が難しいわけ

日本語で直接目的を示すのは助詞「を」が代表である。「医者」に「を」をつければ「医者を」となる。「作家を」「本を」「手紙を」「劇場を」など、「を」は何にでもつけられる。「を」に限らず、「が」でも「に」でも「の」でも、助詞はどんな名詞にも同じようにくっついて、文の中の役割を示す。

それでは格の場合はどうか。ここではチェコ語の例を挙げることにする。

チェコ語とは三十年近いつき合いになり、チェコ共和国の首都プラハには二、三年に一度は必ず訪れているのだが、ことばはなかなか上達しない。その難しさの一部をここでご披露しよう。

「医者」は doktor という。英語に似ているからなんとなく想像がつくかもしれないが、発音は「ドクトル」で最後の「ル」は巻き舌である。だが発音にはこの際こだわらないことにしよう。この doktor を「医者を」のような直接目的の形にするには、最後に a を加える。つまり doktora となる。

これだけ見れば最後の a が「を」に相当しそうだが、話はそれほど簡単ではない。spisovatel「作家」を直接目的の形にするときは、a ではなく e を加えて spisovatele とする。つけるものが違うのである。

それだけではない。同じ医者でも doktorka「女医」の直接目的は doktorku である。モノでも同じで、kniha「本」の直接目的の形は knihu となる。ただ付け加えるだけでなく、a を取り去って u をつけるのである。

ところが ulice「通り」だったら ulici のように i がつくのが直接目的の形だ。と思ったら dopis「手紙」や divadlo「劇場」は形が変わらない。

つまりチェコ語で正しい格の形を作るには、それぞれの名詞がどの格変化パターンに当てはまるかを事前に把握しておかなければならないのである。ここが日本語の助詞とは決定的に違う。ウラル語族の格については不案内なのだが、どちらかといえば日本語に近いように考えたほうがいいらしい。確かに助詞の一つ一つを格として数え上げれば、当然ながらその数は増えていく。同じものを機械的につけていくわけではなくても、チェコ語とはしくみが根本的に異なる。

言語学では、チェコ語のように格変化パターンごとに文法語尾の形があるタイプの言語を屈折語《くっせつご》といい、それに対して日本語のように基本的には同じ文法語尾をつけるタイプの言語を膠着語《こうちゃくご》という。

屈折語の格変化の難しさは、実はロシア語も同じである。だから理屈はわかっているのだが、チェコ語の場合、その格変化パターンがロシア語よりだいぶ多く、いつまでたっても頭に入らない。それでもチェコのビールと本と映画に惹《ひ》かれ、懲りずに勉強を続けている。

形容詞はどっちの仲間

ここまで取り上げた文法性や数、曲用や活用はヨーロッパの諸言語に広く見られる。といってもヨーロッパにもいろんな言語がある。ウラル語族に属するフィンランド語やハンガリー語には文法性がなく、代名詞には「彼」と「彼女」の区別がない。

くり返すが、わたしの知識は限られている。「ウラル語族に属するフィンランド語やハンガリー語には文法性がなく、代名詞には「彼」と「彼女」の区別がない」というたった一文を書くために、手元の資料をあれこれ調べて確認しなければならなかった。先ほどのドイツ語やフランス語の例以上に時間がかかる。「ない」ことを確認するのは難しい。「ある」ことは書いてあるが、「ない」ことはわざわざ記述していないのがふつうだからである。

言語学入門書にはさまざまな言語の例が挙がっていて、しかもパターンが決まっているように感じる。複数一人称代名詞について相手を含む「わたしたち」と含まない「わたししたち」を区別する例は、たいていインドネシア語が挙がる。言語の恣意性として、グラデーションである虹《にじ》の色がいくつかという例では、ショナ語の三色、バサ語の二色が必ず紹介される。どちらもアフリカの言語だが、どの言語学入門書にも登場するので、わたしもこれだけは覚えてしまった。

だが例として知っているのと、実際に勉強するのとでは、大きく違う。

アジアの言語はほとんど知らないわたしだが、唯一、韓国語だけは集中個人レッスンを受けたことがある。二十年以上前のことだが、三週間くらいかけて、韓国語の基礎を猛スピードで学習した。とはいえ、速く覚えたものは速く忘れるようで、いまではハングルを拾い読みするのが精一杯である。

だが韓国語を勉強したことは無駄ではなかった。

たとえば動詞と並んで形容詞の活用を学んだとき。韓国語の形容詞は述語になるほか、活用する。活用！　先ほど紹介したように、ヨーロッパの諸言語では形容詞は活用しない。名詞の文法性や数や格に合わせて曲用する。述語として過去になったり仮定になったりするのは、英語だったらbe動詞がその役割を担っている。ところが韓国語の形容詞はむしろ動詞に近い。両方を合わせて用言というそうだ。

考えてみれば、日本語にだって用言がある。動詞と形容詞および形容動詞を合わせた概念で、名詞などの体言と対《つい》をなす。どうやら言語には、形容詞が名詞に近いタイプと、動詞に近いタイプがあるのではないか。そして自分の勉強している外国語がどちらのタイプなのかを見極めることは、学習のうえでも大切なことに違いない。

これを「発見」したときには一人で興奮していた。こういう指摘は言語学入門書ではお目にかかったことがない。あるいは書いてあったのに、実感が湧《わ》かなくて見落としていたのかもしれない。具体的な外国語の学習を通して気づくことは深く滲《し》み渡る気がする。知っている人にとっては当然かもしれないが、学習者には発見との出合いが大切なのである。

つまり、わたしもベトナム語専攻の学生とそれほど変わりない。

品詞は一致しない

いくらヨーロッパの諸言語を専門としていても、母語は日本語である。これを無視することはできない。日本語を活かさなければ、日本人として外国語を追究する価値がない。日本語の運用能力があるから、日本語話者に外国語を教えることができる。とはいえ日本語の専門家というわけではないので、しばしば壁に突き当たる。

たとえば日本語からヨーロッパの言語の辞書を作るとする。辞書なんて大袈裟《おおげさ》なものでなくても、ちょっとした学習単語集をまとめようとするだけで、日本語とのさまざまな違いに気づき、ときには途方に暮れる。

まず品詞が一致しない。likeは「好む」と並んで「好き」を対応させるが、「好き」は動詞ではなく形容動詞である。foreignは「外国の」「外国人の」「外来の」などという訳語を当てるが、どれも「名詞＋の」であり、そういう見出し語は国語辞典では考えられない。そもそも「ある」が動詞で、「ない」が形容詞というのも、考えてみれば不思議である。

辞書の日本語の見出し語には気を遣わなければならない。最近の辞書は非常に工夫されており、手元の学習和英辞典で「外国」を引くとa foreign countryとあって、その下に活字のポイントを下げて「外国のforeign　外国へ、外国に、外国でabroad」としている。編者の苦労が偲《しの》ばれる。

一致しないのは品詞ばかりではない。「好き」という形容動詞はその対象が「わたしはウォッカが好きだ」のように「が」となる。だがこの「が」は主語を表すわけではない。すでに解説したように、英語なら代名詞の一部を除けば主語とか目的語とかの区別がないからいいが、スラブ諸語のように明確に区別する言語もある。日本語では「ウォッカが」でも、チェコ語やロシア語では「ウォッカ」を直接目的の形に変えなければならない。ここで日本語の発想からいったん離れ、落ち着いて考えてみないと必ず間違える。そうならないようにするには「を」と結びつく「好む」を使えばいいのだが、「わたしはウォッカを好む」という文は、現代日本語のネイティブスピーカーとして違和感を持つ。いろいろ難しいのである。こういったことすべてに気を遣いながら、わたしたちは文法書とか辞書を作っているのである。部分的に例文を眺めただけで、これが正しいとか不自然といった判断を即座に下すことなんて、たとえネイティブスピーカーであってもできないはずだ。

「五人の学生」と「学生五人」

この章で取り上げた話題はすべての言語に当てはまるわけではない。文法性がない言語はたくさんあるし、一方で男性、女性、中性どころか、たくさんのグループに分けなければならない言語もある。さまざまな文法について、もっと詳しく知りたければ、言語学入門書を読むのもいいが、具体的な外国語を学習することはもっといい。わたしは多くの人が外国語を幅広く学ぶことを願っており、本書はそのためのキッカケを提供しているにすぎない。

そのキッカケの一つとして、最後に**数量詞**を取り上げたい。

数量詞とは数詞と助数詞からなるまとまりである。助数詞とは数えるときに使う「人」「匹」「個」「枚」「本」などのことだ。いろんな種類があって、正しく使うのはなかなか難しい。日本語を学習する外国語母語話者にはさらに難しいだろうが、外国語には中国語のように助数詞を持つものもある。

日本語の助数詞は位置を変えることができる。「五人の学生がいる」は「学生が五人いる」とすることも可能だ。さらに「学生五人がいる」ということもできる。

もちろん意味が変わってくることもある。「三〇〇ページの本を読んだ」と「本を三〇〇ページ読んだ」では、前者は総ページ数が三〇〇ページの本であるのに対し、後者はある本の三〇〇ページ分を読んだという意味になる。これは注意しなければならない。

それでも移動が可能な場合があることは、覚えておくといいのではないか。

わたしのつき合ってきたヨーロッパの諸言語では、先に数字が来て、後に名詞が続くパターンしかないものが多い。助数詞がないのでそれは補わなくてはならないが、five students は「五人の学生」以外にも「学生が五人」「学生五人」と訳せることがある。そのほうが自然なことも少なくない。日本語にはこんな特徴があることを、頭の片隅にでも置いておいてほしい。

例のベトナム語専攻の学生は、どこにも留学してはいないが、大学で多くの言語を積極的に学びながら、知識や教養を高めようと努力している。外国語については専攻語のベトナム語に加え、英語とドイツ語、さらにロシア語の学習をはじめ、四つの外国語を勉強しているという。この場合は「外国語を四つ勉強している」と言い換えることができる。

第五章

大切なのは過去

――遡る言語学

過去を生きる

ロビン・ウィリアムズ主演の映画『いまを生きる』(一九八九年)は、名門高校を舞台に破天荒な英語(つまり国語)教師と、彼の影響を次第に受けていく生徒たちの物語である。高校の英語(こちらは外国語)教師になった教え子から勧められてDVDで観たのだが、なかなかよかった。とくに文学や詩の大切さを説くところには深く共感する。だが主人公ジョン・キーティング先生がわたしに似ているという一部の声には、あまり納得できない。そうかなあ。わたしはそんなに情熱的ではないし、伝統を重んじる常識派を自認しているのだが。

何よりも教え子たちに「いまを生きろ」とはいわない。むしろ過去を知ってほしいと願っている。それは自らが「過去を生きて」いるからである。

大学三年生から中世ロシア語に熱中し、修士論文のテーマも古文献の文法分析だったが、それだけではない。散歩をしながら街角にひっそりと残る一昔前の遺物を探し求めるのは、日本でも海外でも変わらない。博物館に足繁《あししげ》く通ったり、戦前の映画を観たりして、往時の生活に関する知識を深める。自宅では日本や海外で買い集めた古雑誌を眺め、仕事場では一九六〇年代から八〇年代のソビエトやチェコスロバキアやユーゴスラビアの歌謡曲を流したりしている。過去がすでに生活の一部なのである。

どうしてそうなるのか。理由はいくつか考えられる。

まず外国語に携わる職業では、テキストを正確に読み解くことが不可欠である。わたしがつき合っているスラブ諸語で書かれた文献は、現代もさることながら二十世紀、とくに社会主義時代の話題が、言語でも文学でも歴史でもいまだに多く、当時の事情を知らなければ何も理解できない。そのためには常日頃から知識を蓄えておく必要がある。

旧ソ連・東欧地域では、社会主義時代に言語学や文献学の研究書が数多く出版された。一般に社会主義諸国は言論の自由がないというイメージが強く、その頃に発表されたものなんてどうせ本音ではないプロパガンダに満ち満ちていると考えるためか、多くの人がふり返りもしない。だが当時の出版物にも優れたものがたくさんあり、いまだに引用され続ける文献も珍しくない。もちろんテキストのすべてを信じてはいけない。だが社会主義国の出版物を批判的に読むことは、大学院生時代にしっかり訓練されている。そもそも、どんなテキストだって鵜呑《うの》みにしてはいけない。内容に疑問を抱きながらも丁寧に読み解くことができるのは、ロシア語とかチェコ語とかセルビア語を勉強してきた副産物かもしれない。

かつて語学エッセイ集を出したとき、さる書評で「全体的に一昔前の話題が多く、少々ネタが古い」と書かれてしまったのだが、そりゃそうだろうとしかいいようがない。言語が話題となれば、たとえエッセイであっても過去に決まっている。少なくともわたしが書けばそうなる。

人文科学は基本的に過去を研究する。文学作品や歴史資料は記された瞬間から過去となってしまう。言語についても同様で、書き留められた文法や辞書が現実の変化に追いつかないのは宿命といっていい。現在を追いかける社会科学や、未来志向の自然科学とは根本的に性質が異なるというのが、わたしの持論である。新しすぎる人文科学は信用できない。

もっとも言語学のなかには、これから発せられる文を研究対象とする分野もあり、わたしから見ればまるで理系である。そういうほうが科学的に見えるのか、頭のよい学生や最先端を目指す研究者は未来志向の言語学に興味を示す。だったらそういう未来言語学を面白くまとめてくれる専門家が現れてくれるといいのだが、未来言語学者たちは論文をじゃんじゃん発表しても単行本は書こうとしない。本は書き上げた瞬間から過去となるので、つまらないのだろう。

言語は常に変化する

ことばは変わる。

そんなことは言語学を知らなくても、誰もが経験を通して感じていることである。変わってしまうことを嘆く声もよく耳にするが、それはちょっと置いといて、さしあたりは変化することを確認しておきたい。

ここでは「変化」という表現を使った。「進化」「発展」「発達」ともいうが、わたしは使いたくない。「進化」などとすると、かつては劣っていたものが時間の経過とともに優れたものに変わるかのような印象を与えるからである。評価を下すのは言語学の仕事ではない。正反対の評価である「退化」「劣化」「衰退」も合わせて、わたしは使わない。

もっとも進化論という分野もある。人間の歴史は進化と捉えるのが正しい態度なのか。長年にわたって疑問だったのだが、あるとき進化論を専門とする大学の先生と対談する機会があったので、質問してみた。どうして「変化」じゃなくて「進化」っていうんですか。それは価値判断を伴っていませんか。

するとその先生は答えた。そのとおりです。価値判断を持ち込んではいけません。しかし用語というものは、いったん定着してしまうと、なかなか訂正できないんですよ。
深く納得した。おっしゃるとおりで、ひとたび広まってしまった用語は、おいそれと変更できない。とはいえ「言語の進化」という表現は「進化論」ほどには定着していないはずなので、この先は進化ではなく変化を使ってみることにする。

ことばの変化は、どのようにして確認できるのか。

現在のことばと過去のことばを比べてみれば、隔たりのあることに気づく。少し前のことばは理解できないほどではないけれど、音や語彙や文法や構文がちょっとずつ違っている。さらに古い時代のことばとなれば、ほとんど意味が分からないことさえある。百年前と五百年前で比べてみれば、五百年前のことばのほうが現在との差が大きい。このような事実から、ことばは徐々に変わっていくことが推測できるのである。

過去のことばの資料は文書など文字の書かれたテキストが多いが、他にも口承文芸とか、民謡とか、あるいは地域方言に残る古い表現などもある。ただし、そのまま比べるわけにはいかない。とくに文字資料は、正書法が整ってくると実際の発音や語彙とは違った規範を選ぶこともあるので、その辺りは差し引いて、慎重に扱わなければならない。

いずれにしても、過去のことばについては膨大な研究がある。

歴史的な視点と現在の視点

言語研究には二つの態度がある。

一つは時間的な変化に注目する見方で、これを**通時態**といい、それに対してある一時期の状態に注目するほうを**共時態**という。イメージとしては、時の流れを長い導線に譬え、その全体を捉えるのが通時態で、切った断面に注目するのが共時態である。

かつての言語研究は通時態が主流であった。世間でも言語学は語源を研究するものであり、言語学者は老人というイメージが強い。気難しい老人がカビ臭い本を読んでいるとなれば、どうも敷居が高いようで、敬遠する人が多かった。

言語にはいろんな側面があるのに歴史的な研究ばかりでいいのかという疑問は、研究者からも指摘された。二十世紀初頭のある言語学者は、もっと共時態の研究、共時言語学に向かうべきだと提唱した。

もっともである。現在のことを無視するのはどう考えても偏っている。また過去に遡れば言語のすべてが解明できるわけでもない。だからその後は共時態の研究をする言語学者が増えた。その結果、今ではそれが行きすぎてしまい、言語学入門書のなかには通時言語学をいっさい扱わないものすら最近では珍しくなくなってきた。言語学者は流行に弱いのか、どうも極端で困る。

言語は通時態と共時態の両方を総合的に研究しなければならない。そのためには過去を生きる者も必要なのである。人間の生涯は通時態だが、誰もが共時態という「いま」を生きており、両者を分けることはできない。

何事もバランスが大切なのだ。

過去とは何か

ここで過去という時制について考えておきたい。

時制すなわち**テンス**の概念は分かりやすい。現在を中心に、それ以前が過去で、それ以後が未来である。かつて「現在、過去、未来……」ではじまる歌謡曲が流行《はや》ったが、それを知らない若い世代でもテンスは分かる。おかげで外国語を学ぶとき、その理屈が理解できる。

それでは母語である日本語はどうか。

日本語には未来がない。誤解しないでほしいのだが、将来的に衰退するとか、他の言語にとって代わられるとか、そういう意味ではない。日本語はテンスとして未来がなく、あるのは過去と**非過去**の二つなのである。この非過去という考え方を理解してほしい。

「毎日わたしは銀座を歩く」のように、習慣を表現するときの動詞が現在形と同じに見えるのは、英語などのヨーロッパの諸言語から類推できるかもしれない。だが同じ「歩く」でも、

「明日わたしは銀座を歩く」は明らかに未来なのだが、そのための特別な形がない。「昨日わたしは銀座を歩いた」のような過去の形に対して、現在と未来は形が同じになってしまうので、まとめて非過去と考えるのである。

ところがこの理屈が難しいらしい。現在と未来が一つというのは、感覚的に無理があるのか。それよりも現在・過去・未来の三分割のほうに親しみを覚えるようだ。そこで無理やり三つの形に分け、現在「歩く」、過去「歩いた」、未来「歩くだろう」という訳語を充てる。だが「だろう」は推量であって未来ではない。天気予報ならいいけれど、「明日わたしは銀座を歩くだろう」はちょっと奇妙に響くし、「わたしは二か月後に五十歳になるだろう」はさらにおかしい。「五十歳になる」のほうが自然だ。

このように日本語はテンスについて単純である。だがそれだけでは複雑な表現ができない。さらなる細かいニュアンスを表すものとして、テンスと同じくらい大切なものに**アスペクト**がある。

テンスが時間の捉え方であったのに対し、アスペクトは完了、進行、開始、終了といった場面の捉え方である。「歩く」「歩いた」に対して「歩いている」「歩いていた」は、進行であることがすぐに分かる。ただし「ている」「ていた」がすべて進行かといえば、そうとは限らない。「開いている」「開いていた」は動作が終わってその結果が残っていることを表している。アスペクトは動詞の意味によって違ってくるのである。なかなか面倒なのだが、母語なので何も考えずに使いこなせてしまう。それがかえって問題かもしれない。

母語と違い、外国語は意識しなければならない。knowは「知る」というよりも「知っている」という状態を表していると考えたほうがいい。「わたしは彼を知っていた」と「わたしは彼を知った」では意味がだいぶ違う。ところが和英辞典では「知っている」という見出し語は立て難く、「知る」の項目にknowが入る。このあたりは頭の中で調整が必要だ。

日本語の時間感覚は、アスペクトを無視してテンスだけで説明しようとすると、いろいろおかしなことになる。「た」を過去や完了とだけ捉えていると「あっ、電車が来た」が理解できない。電車はこれからホームに入ってくるのだから、未来を表しているわけで、矛盾してしまう。こういうときの「た」は認識したことを表していると考える。また「明日は水曜日だった」のように再認識ということもある。「ご注文は以上でよろしかったでしょうか」というのは、確認の「た」を用いて丁寧に表現しようとしたのだから、別に目くじらを立てることもない。すべての言語に当てはまるわけではないが、「現在、過去、未来……」だけでは捉えきれない場合があることは、覚えておいてほしい。

ヨーロッパの諸言語の場合、過去時制は細かく分類されていることが多い。フランス語には複合過去と半過去に加え、さらに大過去、前過去、単純過去など、さまざまな過去がある。

ただしこれらはテンスだけでなく、アスペクトも組み合わされていろんな形になっているのである。それに対して現在はだいたい一つだし、未来もそれほど複雑ではない。日本語のような過去と非過去の区別をする言語もある。これから起こることよりも、すでに起こったことのほうが、微妙な違いまで表す必要があるためではないか。

ゆえに人間の言語にとって、とくに重要なのは過去なのだと、わたしは勝手に信じているのである。

古典語嫌い

文法としての過去だけでなく、言語としての過去すなわち古典語について考えてみよう。古典語といってもいろいろある。日本語の母語話者がすぐに思い浮かべるのは古文と漢文だろう。だがこの二つは根本的に違う。

古文は現代日本語の古い時代の体系である。これが変化していって現在に至った。時代は違うが、日本語には変わりない。

それに対して漢文は、日本語に影響を与えた別の言語、つまり外国語である。とはいえ漢文は独特な方法を用いて古い日本語で読み下すので、半分は古文かもしれない。ちょっと難しい立場である。

古い時代の体系と影響を与えた別言語という関係は、他の言語でも考えられる。現代英語にとって、古英語や中英語は古い時代の体系だが、ラテン語は影響を与えた外国語となる。ロシア語の場合、古い体系は中世ロシア語、影響を与えた別言語は古代スラブ語なのだが、実は現代ロシア語と古代スラブ語は、英語とラテン語よりもずっと近い関係にあるので、比べることは難しい。

大学生に古典語について自由に述べよという課題を出すと、好きだったという意見より、苦手だったという思い出のほうが圧倒的に多い。高校の古文や漢文の先生たちはずいぶん工夫して教えているようなのだが、生徒は複雑な文法に苦労した記憶ばかりが鮮明で、英語より難しかったと嘆く声すら聞こえる。

とくに評判がよくないのは漢文だ。だが考えてみれば、漢文はかなりユニークな古典語ではないか。主語＋動詞＋目的語が基本語順の外国語を、主語＋目的語＋動詞にして無理やり理解しようという、このあざとさは注目に値する。そもそも中国語は今も昔もいわゆる文法語尾がなく、単語の並び方で文中の役割が決まる**孤立語**タイプである。それを日本語のように助詞で文法を示す膠着語で読み下そうというのだから、相当アクロバティックなことをしなければならない。漢文参考書のなかには、英語などを参考に理解したほうが分かりやすいと説くものもあるが、わたしはそれよりも、孤立語を膠着語に読み替えるときのトリックに注目したほうが、少なくとも言語学的には面白いと思っている。

古典を入試科目にすると受験生が嫌がるので、最近では免除する大学も増えている。英語を重視しすぎる一方で、他の科目はどんどん疎かになっていく。古典が大学受験で必要なくなれば、受験生はもちろん勉強しない。だが後になって学習したくなったら、いったいどうすればいいのか。

心配はいらない。こういうものは「思い立ったが吉日」なのである。というか、古典はそもそも高校生にはまだ早いのではないか。古文は色っぽい話が多く、漢文なんて酒ばかり。大学生以上になって興味を持ったからといって、遅いということは決してない。本を片手に独学することをお勧めする。

書店の受験参考書コーナーに行ってみる。英語はもちろん、国語も現代文や小論文は参考書が数えきれないほどあるが、古典となるとだいぶ少なくなる。それでも古文はまだいいほうで、漢文はほんの数えるほどしかない。そのなかでわたしが気に入ったのは、小原広行《おはらひろゆき》『【暗記・暗唱】漢文語法・句法』（真珠書院）である。一ページにつき一つの語法や句法を採り上げて簡潔に解説するのだが、面白いのは例文の背景に関する説明で、読み物としても充分楽しめる。レイアウトも見やすく、しかも最近の受験参考書にありがちなアニメ風イラストがないので、大人が持ち歩いても恥ずかしくない。

古文については高尾善希《たかおよしき》『やさしい古文書の読み方』（日本実業出版社）が面白い。この本では古文書を実践的に読む前段階として、基礎知識が紹介されている。とくにくずし字については、一字一字を確定するのではなく、前後関係から柔軟に読み解くことの必要性を説く。類書が多いなか、古文書の楽しさを伝える点で群を抜いている。

どうして机に呼びかけるのか

古典語に関する苦い思い出は、なにも日本に限らない。ヨーロッパでもラテン語に手を焼いた話はよく耳にする。ヘッセの『車輪の下』には受験科目としてのラテン語と古典ギリシア語に苦労する話が出てくるし、ヒルトンの『チップス先生さようなら』の主人公チップス先生は古典語教師である。

イギリスの元首相チャーチルが古典語嫌いだったことはつとに有名である。彼のせいで、古典語は嫌ってもいいという免罪符が与えられたのではないかと、わたしは邪推している。『わが半生』（中公クラシックス）では、自らがラテン語に苦しんだエピソードを綴っている。

チャーチルが七歳で学校に上がったとき、教師は最初にラテン語の第一変化名詞の表を渡して三十分で暗記するように求めた。ワケの分からぬまま暗唱はできたものの、それが何のことだかチャーチルにはさっぱり理解できない。いったいどうして mensa「テーブル」に呼格形があるのか。

「でも何で『テーブルよ』なんていうのでしょう?」と、どうしてもわからないから、なおしつこくきいた。

「『テーブルよ』というのはテーブルに祈り、テーブルに呼びかけるときに使う」これでも私がわからないらしいのを見て、先生は「テーブルに話しす《ママ》るとき、使うのさ」と言われる。

「そんなばかなこと」私は衷心、びっくりして口をすべらした。

「生意気言うと罰しますぞ。ほんとうに厳罰に処しますよ」というのが先生の最後の回答であった。(二一〜二二ページ)

これ以降、チャーチルはとにかくラテン語が嫌いで、名門パブリック・スクールの入試では答案用紙に名前と問題番号しか書けないほどだった(それでも合格するのだが)。彼の回想記にはラテン語に対する恨み言が多い。

古典語に向かないと判断されたチャーチルは、英語すなわち国語を徹底的に教育される。先生とも気が合ったようで、「普通の英文なら、その基本構造を骨の髄まで徹底的に覚えた」（二八ページ）という。

その英語学習法とは何か。「かなり長い文章をとって、それを黒、赤、青、緑のインキでいろいろの構成分子に分ける。主語、動詞、目的語、関係節、条件節、接続節、離接節など！　みなそれぞれの色彩をもち、それぞれの括弧に包まれる。それはまるで、一つの練習問題のようで、毎日のようにおこなわれた」（二七〜二八ページ）。おかげで、稀代《きたい》の名演説家チャーチルが生まれたというのである。

とはいえ、これをもって古典語よりも現代語を学ぶべきだという結論に達してもらっては困る。右のエピソードを読めば、ラテン語教師よりも英語教師のほうが教育法を心得ていたことは明らかであり、同じ方法でラテン語を教えれば結果はまったく違っていたはずだ。

呼格とはすでに紹介したように屈折語における格の一つで、名称のとおり呼びかけるときに使う。現代スラブ諸語にもポーランド語やチェコ語には呼格があるが、「テーブル」よりずっとマシな例で教育される。

いや、別に「テーブル」でもいいのである。このエピソードは要するに古典語教師が嫌いだったというのにすぎない。楽しい先生が「そうだね、テーブルなんかに呼びかけることはないね、でもこれを覚えておくと、他の単語のときに便利なんだよ」とか、「机にも呼びかけるなんて、ローマ人は不思議だね」とでもいってくれれば、チャーチルはまったく違う方向へ進んだのではないか。

教師との出会いは科目の好き嫌いに大きな影響を与えるが、幼い頃はともかく、成長したら自分の意志で決めるべきである。わたしだって、高校時代の漢文教師が大嫌いだった。授業中に大声で生徒を恫喝《どうかつ》し、教卓を竹刀《しない》で叩きつけて威嚇するあのジジイは、今だったら逮捕されているだろう。わたしはこういう暴力的な授業を無視し、ラジオの漢文講座でアナウンサーによる美しい朗読や中国人による中国語での朗読に耳を傾けていた。

西洋古典語についても同様である。日本の大学ではラテン語や古典ギリシア語の授業がどういうわけか月曜一限に開講されることが多く、朝の苦手なわたしはついていけなかった。聖書ギリシア語だけは親切な先生が火曜四限に開講してくれたおかげでなんとかなったが、ラテン語は独習した。西洋古典語の独習教材は日本にもいくらでもある。

というこことでチャーチルの見解はわたしとまったく相容れない。そういえば彼はロシア・ソビエト嫌いで有名であった。そもそも気が合いそうにない。

有名人の一部がどんなに嫌おうとも、受験科目から外されようとも、古典語の知識は外国語を学ぶときに思わぬ効果を発揮する。過去を見つめる人文科学にとって、古典語の重要さはこれからも変わらないし、変えてはいけない。

現代語に混ざる古語の要素

古典を完全に無視するわけにはいかないのは、どんな言語にも古語の要素が現代語の中に多かれ少なかれ残っているからである。ただし、そのほとんどは慣用表現あるいは文語、つまり書きことばに限定される。日本語でも「なきにしもあらず」あたりは、ふつうに使う表現ではないか。

ことわざには古文が多い。

- 腹が減っては軍《いくさ》ができぬ
- 火のない所に煙は立たぬ

「できない」「立たない」ではなんだかしまらない。ただし打消の助動詞「ぬ」は古語の「ず」の連体形に由来し、古風ではあるが、現代語として解釈される。

- 帯に短し、襷《たすき》に長し
- 仰げば尊し　我が師の恩

「短し」「長し」「尊し」は古語形容詞である。「仰げば尊し」はさらに

・いまこそ別れめ　いざさらば

のように「こそ」に対しては係り結びの法則により「別れむ」が已然形《いぜんけい》になっている。なんていうのにわたしが気づいたのは卒業してからずっと後のことで、恥ずかしながら長らく「分かれ目」と勘違いしていた。

聖書も現代では口語訳が主流となっているが、ときには雅語をちりばめた文語訳を引用したくなるときもあるので、手元には両方を置くようにしている。「はじめにことばがあった」ではなく、「はじめにことばありき」と使いたい場面もあるのだ。

・この先、入るべからず

いまどきこんな表現するかと思われるかもしれない。だが手書きの張り紙や立て看板にはいまだにこういうのが珍しくなく、どんなおっかないジイさんが書いたのかと想像してしまう。「べからず」というのは文語の助動詞「べし」の否定形である。正確には「べし」の未

然形「べから」＋助動詞「ず」と分析するはずだが、某国語辞典には「べからず」のかたちで見出し語になっていた。他にも連体形の「べき」や連用形の「べく」、終止形の「べし」、さらには「べかりけり」までがすべて見出し語として挙がる。「酒は静かに飲むべかりけり」というときに使うのだろう。ところが已然形の「べけれ」はない。現代でも使われる表現に合わせて見出し語を考えたものと思われる。

現代語のなかにある古語の要素を取り出すのは案外難しい。どこからが古語でどこからが現代語か、判断するのが困難なのである。花は今も昔も「花」である。ただしそれがどんな花を意味するのかは、注意しなければならない。

・要普免

漢文の参考書を調べても「要」は見当たらないので正確には古語とはいえないが、動詞のあとに目的語が置かれているところはまさに漢文調である。「自動車の普通免許が必要です」という意味で、新聞の求人欄では今でもときどき目にするが、「要」について国語辞典にはとくに何も書いていない。これが分からない日本語学習者はどうやって調べればいいのだろうか。「要」だけでなく、「乞《こう》ご期待」の「乞」なども、現代語文法の発想だけで理解するのは難しそうだ。

秋葉原はアキバだった

東京には秋葉原という不思議な街がある。「電気街」として知られ、日本人のみならず、外国人観光客がさまざまな言語でお喋りをしながら、団体で押し寄せてはコンピュータや家電製品を買っていく。ここ二十年くらいは、サブカルチャーに関連したさまざまな商品を扱う店が並ぶ。それに伴って奇抜なファッションも多く、赤や緑の髪をした女性がチラシを配っている。

この街は「アキハバラ」と読むのだが、最近では愛着を込めてか、はたまた長いから省略したいのか、「アキバ」といわれることが多くなった。そういう表記も目にする。地名は秋《あき》葉《ば》神社に由来するらしい。

ではその「アキバ」に「ハラ」が付け加わると、どうして「アキバハラ」ではなくて「アキハバラ」となるのか。カナを眺めていると濁点が移動したように見えるのだが、そうではない。このような音の変化はローマ字化して考えてみるとよい。

akibahara > akihabara

＞は変化を表す記号である。b＞pは「bはpになった」ことを示す。逆向きの記号＜もあり、p＜bは「pの元はbだった」という意味で使う。矢印の↑や↓の棒状部分がなくなったと考えれば分かりやすい。ただしこの記号はふつう横書きで使うので、縦書きの本書だと都合がよくないのだが。

とにかくakibahara＞akihabaraを改めて注意深く見つめると、bとhが逆転していることに気づく。このように、近くの音が位置を換えてしまうことを**音位転換**（メタテーゼ）という。

音の位置が変わることはときどき起こる。「マギラワシイ＞マギワラシイ」とか、「トウモロコシ＞トウモコロシ」のような、主に子どもが使う言い間違いの例もある。読みやすさを考慮してカナ表記にしたが、置き換わっているのは子音である。子どもに限らず、大人だって「コミュニケーション＞コミニュケーション」ということがある。

秋葉原については、本来「アキバハラ」だったのが、旧国鉄職員が間違えて「アキハバラ」と表記し、それが定着したという指摘もある。最初は間違いであっても、それが認知されれば語彙そのものが変わる。ほかにも「山茶花」は「サンザカ＞サザンカ」に変わったのは、漢字を見たほうが理解しやすいだろう。英語でもask（＜aks）やbird（＜brid）のような例がある。はじめは単なる言い間違いでも、それが変化のキッカケになることもあるのだから、音位転換は侮れない。

音の変化にはいろいろな名称がつけられている。鰹節が「カツオブシ＞カツブシ」のように「オ」が落ちる現象を脱落、反対に夫婦が「フフ＞フウフ」のように「ウ」が加わる現象を添加というのは、それほど難しくないし、こんなふうにカナで表記しても理解できる。「トンビにアブラゲをさらわれる」では鳶が「トビ＞トンビ」で添加、油揚げが「アブラアゲ＞アブラゲ」で脱落となる。どちらも口語表現だからと考えればいいのか。

一方で「七日」を「ナノカ」と読むのは、nanaka > nanoka とローマ字表記してみれば、真ん中の a が o に替わったことに気づく。これは周りに a の音ばかりが続くので、かえって発音しづらく、それをなんとかしようと一つだけ o に替えたのである。これを**異化**という。その反対に「踵」つまりカカトを表すことばに「キビス」と「クビス」の二種類があるが、古いのは「クビス」である。それが kubisu > kibisu のように bi の影響で最初の ku が ki となってしまうのは**同化**という。

言語学入門書を書くたびに、このような音変化の話題を取り上げるのだが、いつも同じような例ばかりで、自分でもイヤになる。だが確実な例を探すのは容易ではない。外国語だったら、たとえばラテン語で「八」を示す octo は英語の「タコ」octopus と関係があるのだが、そのoctoがイタリア語のottoになり、つまりctがttになったのは同化の好例である。ところがこういうものは面白がる人がいる一方で、知らない外国語の単語に恐怖を感じる人もいて、難しいと文句をいわれてしまう。だから日本語にするのだが、よい例がなかなか見つからない。

しかも解釈が難しい。音位転換の例として「新し」がaratashi＞atarashiと替わったことは多くの言語学入門書に書いてあるのだが、国語学者によっては別の見解を示している。わたしは日本語の専門家ではないので、判断ができず困ってしまう。

それでも音変化を紹介したいのは、外国語学習で大切だからである。ラテン語のoctoが、イタリア語ではotto、スペイン語ではocho、ポルトガル語ではoitoとなる。一方「夜」はイタリア語がnotte、スペイン語がnoche、ポルトガル語がnoiteで、なんだかラテン語で「夜に」を表すnoctuに対して一定の対応があるみたいで面白いなあと感じれば、たくさんの外国語が勉強したくなる。そのために苦労して例を探しているわけである。

ああ、またしても不案内なイタリック語派の例を挙げてしまった。

不規則のなかに痕跡が残る

音が実際にはどんどん変わってしまっても、綴りに残っていることがある。規則どおりに読まない単語はどんな言語にもあるが、それは実際の音が変わってしまったのに、綴りが相変わらず昔のままなのである。つまり、そこからかつての音が想像できる。

英語の綴りには、最後のbを書くけれど発音しないものがある。ただしすべてではない。crab「カニ」や suburb「郊外」の最後のbは発音するから、こういうものは除外しなければならない。

climb「登る」は誰でも思いつくだろうが、他はどうだろうか。comb「くし」や thumb「親指」は意外と出なかったりする。limb「手足」や tomb「墓」あるいは womb「子宮」あたりはちょっと難しい。bomb「爆弾」は知っているかもしれないけれど、bomber「爆撃機」を《ボンバー》だと信じている人もいるくらいで、むしろ気づかないかもしれない。

このような例を探すときには英語の逆引き辞典を使うといい。逆引き辞典とは語末を基準に並べられている辞典で、語義はふつう示さない。日本語にも逆引き辞典があり、試しに「つ」を引いてみれば「威圧」「外圧」「水圧」「制圧」のように並んでいるので、「圧」で終わる語を探すのに便利である。使い方はいろいろ考えられるが、詩で韻を踏むときには便利だろう。それ以外にも、語末の音が同じものは同様の活用や変化をする可能性が高いので、語学教師が例を探すときには欠かせない。プロの道具ともいえる。

英語の逆引き辞典を使って、bで終わってしかもそれを発音しない単語を比べてみると、単に最後がbというだけでなく、その前がmであることにも気づく。どうやら語末のmbはbを発音しないという法則が見えてくる。では、どうして発音しないbを書くのか。おそらく、かつては発音していたのだろう。そういうことが想像できるのである。

綴りと音のズレはどの言語にもある。日本語の旧仮名遣いは昔の音が反映されていると考えられる。もちろん正書法との関係もあるから、それだけでは判断がつかない。それでも大原則から外れるからには、なんらかの理由があるはずだと推測される。

音ばかりではない。活用や曲用などの文法についても、不規則の理由は古い時代に遡ると分かることがある。中世ロシア語を学ぶと、現代ロシア語では不規則として片付けられている変化に理由があることが浮かんでくる。わたしにはこれが魅力だった。どの言語にせよ、専門家になるためには古典も読める必要があるのは、こんなところに理由がある。

ただし、言語の歴史を学ぶときは細心の注意を払わなければならない。多くの場合、言語が今日のような姿になるまでには複雑な経緯があり、扱いが難しい。

たとえば「全然」という副詞は否定と結びついて「全然知らない」のように使う。それが次第に程度の強調として、とくに否定と結びつかなくても、「全然いい」のような表現がされるようになってきた。一部の教師などは「全然」を否定と結びつけないのを誤用とし、本来おかしいと指摘する。ところが「全然」は明治期には「すっかり」という意味で肯定でも否定でも使えたのである。否定と結びつけなければならないというほうが、むしろ新しい規則であり、すくなくとも「本来」ではない。

変わるだけでなく、完全に消えてしまうこともある。語彙は流行り廃りが激しく、流行語を中心にまったく使われなくなるものも多い。しかもそういう語彙について、後から追跡するのは難しい。

某古雑誌を読んでいたら、「新語辞典」と題して流行語を解説する記事の中に「ツケマン」という単語を見つけた。「ツケマン、放火犯人、つまり火をつける人の意もあるが、この場合、女のあとをつける男である」。記事は続けて文学作品の例を挙げる。

「川端康成の近作「みづうみ」に典型的なツケマンが描かれている。主人公桃井銀平がそれで(……)何にしろ、女学校の教師をしながら、生徒の後をつけたり、行きずりの人のオメカケや、十五歳の美少女のあとをつけたり、ともかく全篇これ、見事なるツケマンの記録で終始している」

これは間違いなくストーカーのことである。でもツケマンなんて聞いたこともないし、調べてもどこにも載っていない。雑誌が発行された昭和三十年(一九五五)には一時的に流行ったのか。それとも取り上げてみたものの定着しなかったのか、それすら分からない。

過去を追いかけるのはいろいろ面倒である。解釈が定まらないことも多い。それでも取り組む価値がある。ある西洋古典語入門書のまえがきに次のようなことばがあった。「著者は、語学の勉強は、やがてはその歴史的研究に進まねば本格ではないとも信じている」。

というわけで、わたしは言語を追い求めて「過去を生きる」のである。

ちなみに映画『いまを生きる』は英語の原題（Dead poets society）の訳ではなく、映画の中のセリフ Seize the day. から取っている。これはラテン語の Carpe diem. の英訳だ。「いまを生きる」ことがすでに過去からのメッセージなのである。過去は非過去に繋がる。過去を見つめることが、非過去と向き合うことになるのである。

第六章

迫られる二者択一
――張り合う言語学

白か黒か

二つのうちのどちらか一つ。この発想は分かりやすい。右か左か、白か黒か、ルーレットなら赤か黒か、さらに丁半賭博《とばく》では……というように、勝負事の世界では二者択一で競うゲームが少なくない。

一般に西洋の学問は二つを対比したり、対立させたりすることが大好きで、おかげでコンピュータのような0と1の世界が生まれるのだろうと邪推する。言語学も西洋の影響を強く受けているので、対比や対立がたくさんあっても不思議ではない。二つを対立させて分析する方法を**二項対立**という。二項対立は主に音韻の研究からはじまったが、今では言語学の他の分野にも広がっている。

二項対立はすっきりしている。複雑に絡み合っているように見える問題を整理し、明確な道筋をつけてくれることもある。だからこれを応用して、あらゆる現象を解決したくなる気持ちも、分からないわけではない。

だが自然科学はともかく、言語のように人間という不完全で複雑な存在が日々使っているものが、そんなに単純に割り切れるとは思えない。言語は西洋だけでなく世界中に分布し、しかも多様である。一つの論理ですべてを解決しようとすると、ときに乱暴な結論に至る危険性があるのではないか。

わたしは言語における二項対立について懐疑的である。だが疑う前に、どのような二項対立があるかを押さえておきたい。もちろん、なかには優れた発想や方法もたくさんあり、上手に使えばとても有効である。

品詞の二項対立

分かりやすいものからはじめよう。

品詞は言語ごとにいろいろあるが、多くの場合に採り入れられる二項対立は**内容語**か**機能語**かという対立である。

内容語は「ネコ」とか「歩く」のように明確な指示対象を持つ。品詞でいえば名詞、形容詞、副詞、動詞などが相当する。それに対して機能語は文法関係を示し、代名詞、前置詞、接続詞、冠詞などが含まれる。

日本語文法の場合は、内容語を自立語、機能語を付属語というのが一般的らしい。しかも二項対立の項目を次々に増やしながら、詳しく分類していく。付属語は活用するかしないかで分け、するものが助動詞、しないものが助詞となる。自立語はさらに徹底していて、活用するものとしないもののうち、するものが動詞、形容詞、形容動詞となる。一方、活用しないものは、主語となるかどうかで判断する。主語となるのが名詞である。主語とならないものはさらに修飾語になるかどうかで分け、なるものが副詞と連体詞、ならないものが接続詞や感動詞となる。まさに二項対立のオンパレードではないか。

どの言語でも、機能語は数が限定されていて、しかも新しく作り出されることがめったにない。それに対して内容語は新たに生まれることがある一方で、消えてしまうこともある。しかもその数は、ほぼ無限といっていいほど膨大だ。

外国語学習ではまず機能語を、その使い方も含めて覚える必要がある。機能語は使用頻度の高いものが多いので重要だ。しかし機能語だけでは文が作れない。内容語があってはじめてメッセージが伝えられる。だから内容語もやっぱり身につけなければならないのだが、こちらはほぼ無限にあるので、覚えるのも楽ではない。しかしこの作業こそが、外国語学習なのである。

ふむ、やはり二項対立は物事を整理してくれるようだ。

社会、個人、そして……

少し難しい話をしよう。難しいが、言語学の基本的な考え方である。

言語とは社会に属するものである。一人で勝手なことをわめいてもダメで、みんなに共通のものとして使わなければならない。これを**ラング**という。日本語とか英語とか、ラングにはそれぞれ言語名がついている。

ラングはちょっと分かりにくい。みんなに共通のものというけれど、けっこう抽象的で難しい。実際にあるのはそれぞれが話していることばであり、こちらはとても具体的である。これを**パロール**という。ラングと違い、パロールのほうは個人的である。

ラングとパロールを説明するために、いろんな比喩が使われる。楽譜をラング、実際の演奏をパロールに譬える人もいるが、音楽にたいして造詣《ぞうけい》の深くないわたしが、そんなことをいっても説得力がない。やはり外国語学習で説明したい。

ラングとは文法書の説明である。語の使い方や並べ方や変え方について、抽象的だけど広く一般的な内容がまとめられている。まずはラングを身につけることが外国語学習の目的である。

だが本を読んで勉強している範囲では、外国語を使っていることにならない。実際に会話するのが、多くの学習者の目標だろう。その会話こそがパロールなのではないか。

この譬えには問題もある。たとえば文法書の中の例文はラングかパロールか、外国語教室で練習する会話はどうなのか。

ラングとパロールは考え方としては明確に区別されているけれど、それは理論上のことであり、実際の運用を考えれば分けることは案外難しい。ラングを学んでパロールを実践するのだから、もちろん繋がっている。文法をやらないで会話だけ目指すのは、ラング抜きのパロールみたいなものだ。こうしてみると、ラングとパロールという対立も頭を整理するうえで悪くない。

だが、本当は二項対立ではない。

そもそも人間は、具体的なラングを社会で共有する以前に、言語を使って活動している。ここに注目すれば、もう一つ項目を増やす必要がある。これを**ランガージュ**という。まとめれば、言語活動がランガージュ、それぞれの言語がラング、さらに実際の会話がパロールという三つから成っているのである。

ところが最近の言語学入門書では、このランガージュを取り上げているものが少ない。やはりラングとパロールの二項対立のほうが、説明しやすいのだろうか。

音の二項対立

言語学のなかでも、音に関しては二項対立がとくに多い気がする。

簡単な例でいえば、母音と子音だって二つの対立する概念である。だがそれぞれを正確に定義するのは、非常に難しい。母音は肺から上がってくる空気を口の形以外で邪魔をしないで出すときに発せられる。一方子音は、喉とか歯とか舌とかでいろいろ妨害する隙間《すきま》から絞り出される空気によって発せられる。なんとも歯切れの悪い説明だが、母音と子音を明確に区別するのは決して簡単ではない。

その証拠に外国語を学習していると、しばしば「半母音」のような用語に出合う。英語だったらyやwがこれにあたる。yはあと一歩でi、wもほんの少しでuになりそうな、なんとも微妙な音である。ほとんど母音なんだけど、それだけ単独で発音するのが難しいので、完全じゃない母音だから半母音というのか。半子音ということもあるが、こちらは子音にしては半人前という意味なのだろうか。

個々の音だけではない。単語のなかには他の音よりも強調して目立たせる音がある。これをアクセントという。ただし目立たせ方にも二種類あって、他より高くしたり低くしたりして強調するものを高低アクセント、強く発音して目立たせるものを強弱アクセントという。高低も強弱も、他の音と比べた場合のことだが、その質はだいぶ違う。日本語は高低アクセントだけど、英語などは強弱アクセントである。スウェーデン語やセルビア語のように、両方を持つものもある。

日本語母語話者にとって強弱アクセントは難しい。音を強くといってもなかなか理解できない。強いというのは呼気の量とか音の長さを利用した結果なのだが、物理的に測れるとは限らず、慣れない人には把握しにくい。そこで強弱アクセントのある外国語を発音するときにも、日本語で慣れている高低アクセントに置き換えてしまう。強く発音する代わりに高く発音してしまうのだ。そんなことをしても、ネイティブスピーカーが聞けばアクセントを区別していないことに等しく、すぐに指摘されて訂正を求められる。

ついでだが、アクセントがあるのは母音に限らない。セルビア語ではlやrにもアクセントのある場合がある。lやrは発音を持続させることもできるので、強く発音したり高く発音したりすることも可能である。これもまた慣れないうちは戸惑う。

動詞の二項対立

文法の分類でも二項対立はある。

ごく簡単な区別なのに、理解している人の少ない用語といえば他動詞と自動詞だろう。他動詞は目的語を取り、一方自動詞は取らない。目的語という他者を必要とするから他動詞で、何もなくても自立できるから自動詞というわけだ。それほど難しいものではない。

他動詞と自動詞の区別は、たとえば受動態で大切になってくる。他動詞の目的語を主語にして文を作り直せば受動態である。英語の授業でも Tom loves Mary.「トムはメアリーを愛している」を受動態にして Mary is loved by Tom.「メアリーはトムに愛されている」と書き換える練習をイヤというほどさせられる。この love が他動詞である。

だが英語では多くの動詞が他動詞と自動詞の両方に使える。Tom wrote this letter.「トムはこの手紙を書いた」は This letter was written by Tom.「この手紙はトムによって書かれた」のように受動態にできるので他動詞である。一方同じ write でも My son can write.「わたしの息子は字が書ける」のように、筆記能力の意味では自動詞なので、受動態はできないし、目的語もない。

そもそも英語の目的語とは何か。ふつうは動詞のあとに前置詞なしで続く名詞類を指すのだが、そうとは限らない。My aunt looked after my cat during the trip.「旅行中わたしの叔母はうちのネコの世話をした」では、my cat が前置詞 after の後にくるように見えるけれど、My cat was looked after by my aunt during the trip. のように受動態が作れる。この場合は

look after「世話する」を群動詞と考えよという。難しい。

なんだか急に英語の例が多くなったが、日本語の場合はさらに面倒だ。「雨が降る」の「降る」は目的語が取れない自動詞なのに、「雨に降られた」のような受動態ができてしまう。日本語では自動詞から受動態を作ると、迷惑や被害を表すことが多い。

目的語も同様である。「を」がつけば何でも目的語かといえば、そうでもない。「空を飛ぶ」「幼少時代を過ごす」「平均点を上回る」など、受動態が作れない「を」はいくらでもある。日本語では他動詞と自動詞の区別があまり有用ではないという意見もある。

それでも屈折語タイプのインド・ヨーロッパ諸語では、他動詞と自動詞の区別が大切なのである。受動態を作る以前に、ドイツ語の四格や、ロシア語やスロベニア語の対格のような直接目的の形を、正しく作ることから始めなければならない。英語と違ってドイツ語やロシア語やスロベニア語では、主語と目的語で形の違うことがずっと多い。例によってスラブ諸語より、スロベニア語の例を挙げることにしよう。

Babica stanuje tam.「おばあさんはそこに住んでいる」（主語）

Poznam babico.「（わたしは）おばあさんを知っている」（目的語）

主語がbabicaで目的語がbabicoというように、形が違っていることを確認してほしい。書くときは慎重に考えればいいが、会話するときはこれを瞬時に判断して正しい形にしなければならない。屈折語が難しいといわれる理由は、この辺りにある。

能格とは何か

他動詞と自動詞について、ずいぶんしつこく説明してきたが、それにはわけがある。世界にはこのような主語と目的語の関係とは違うしくみの言語があるのだ。ラテン文字での表記を考えて、ここではバスク語を紹介しよう。

バスク語はピレネー山脈北西部、スペインとフランスの国境地帯で話される言語である。バスク地方といえばベレー帽とか、グルメなどで知られるが、その言語の独特さも有名だ。バスク語は近隣とはまったく異なる言語で、インド・ヨーロッパ語族話者からすると、恐ろしいほど難しいという。わたしはこの言語のことをよく知らないので、吉田浩美『バスク語のしくみ』（白水社）を参考に説明する。

次の三つの文を見てほしい。①と②は自動詞文、③は他動詞文である。

① Xabier jaiki da.「シャビエルは起きた」

② Txomin jaiki da.「チョミンは起きた」
③ Xabierrek Txomin ikusi du.「シャビエルはチョミンを見た」

シャビエルとかチョミンは人名である。日本ではフランシスコ・ザビエルが有名なので表記の違いに戸惑うが、ザビエルよりシャビエルのほうがバスク語らしいのだろう。他の単語は無視して、人名だけに注目してほしい。

日本語訳から考えて、①の「シャビエル」と②の「チョミン」はそれぞれ主語である。③では「シャビエル」が主語で「チョミン」が目的語だろう。ドイツ語やロシア語やスロベニア語では、②の「チョミン」と③の「チョミン」はしっかり区別しなければならない。だがバスク語では同じ形である。それでは英語みたいに形を変えることは考えなくていいのかといえば、決してそうではない。その証拠に③の「シャビエル」は①とは違う形をしているではないか。どちらも主語のはずなのに！

自動詞文の主語は他動詞文の目的語と形が同じなのに、他動詞文の主語は別の形になっている。この形を**能格**という。

能格はあらゆる言語学入門書で取り上げられている。オーストラリアの諸言語やグルジア語の例を挙げたり、日本語をもとに架空のモデルを使ったり、あれこれ工夫しているのだがとにかく分かりにくい。それより具体的な外国語入門書を覗くほうがずっといい。バスク語はラテン文字表記で付属記号もほとんどないから、言語学の説明で使うには都合がよい。

実をいえば、わたしにとってはヨーロッパ西南部のバスク語よりも旧ソ連形成共和国の言語であるグルジア語のほうが、どちらかといえば馴染みがある。だがグルジア語はグルジア文字という固有の文字を使うので、そこが魅力ではあるものの、言語構造を知るためには、ちょっと負担である。そのうえ最近では国名を「グルジア」でなくて「ジョージア」と呼ぶことになったり、ということは「ジョージア語」としなければならないかもしれず、いろいろ面倒である。

それでも児島康宏『ニューエクスプレス グルジア語』（白水社）が出版されてから、この言語は日本でもずっと学習しやすくなった。この本を眺めていると、期待どおりに能格の話題があちこちに見つかる。たとえば一三課には「第1活用の動詞の過去形の主語は能格、目的語は主格になります」といった具合。ふむ。

ん？　ちょっと待て。どうして第一活用に限るのだろうか。すると続く一四課では、第二活用の動詞の過去形の説明で「過去形でも主語は主格のまま」となっている。それって活用パターンによって文の構造が違うってこと？　それとも第一活用が他動詞で、第二活用が自動詞なの？　そもそも第一活用でも、過去形だけが能格になるわけ？　疑問は次々と湧いてくる。

ということで、能格をきちんと知るためには、能格言語を実際に学ばなければならない。興味のある方は挑戦してください。言語学に近道はない。

知育教材のように

シンタグム関係は統合関係ともいうが、語と語の組み合わせ方である。文中の語は、主語と述語とか、修飾語と非修飾語のような、なんらかの関係で成り立っている。その繫がりに注目するのである。一方、**パラダイム関係**は連合関係ともいい、入れ替え可能な語の選び方がポイントとなる。

おいしい　ビール　を　飲む
まずい　ワイン　まで　飲む
まずい　ビール　さえ　飲んだ
おいしい　ワイン　を　飲んだ

こういうとき「おいしい」と「ビール」、「ビール」と「を」、さらに「飲む」の関係がシンタグム関係である。それに対して「おいしい」と「まずい」、「ビール」と「ワイン」、「を」「まで」「さえ」などの関係がパラダイム関係である。

こういうのは幼児の知育教材にある。チェコ共和国の首都プラハのデパートで見つけたカードゲームは、一枚一枚に単語が書いてあり、それを正しく並べて文を作るのである。「ハゲの」「嬉しそうに」「道化師」「ヨーデルを歌う」「わたしたちの」といったバラバラなカードを正しい順番に並べられれば、シンタグム関係が理解できていることになる。一方、「ロバ」「耳の大きい」「盗む」「朝に」のうち、どれが「道化師」の代わりに使えて、どれが「ヨーデルを歌う」と入れ替え可能なのかは、パラダイム関係が分からないと答えられない。

このカードゲームは滑稽《こっけい》な文を作って面白がるのが目的らしいが、このような作業は外国語学習で欠かせない。練習問題なんて、シンタグム関係かパラダイム関係のどちらかを問うている場合が多い。カードゲームはわたしのようなチェコ語学習者にもためになる。しかも「ヨーデルを歌う」がチェコ語では一単語でいえることまで覚えられる。あまり使いそうにないが。

同音異義語の分類法

発音が同じで意味が異なる語を同音異義語ということは、一般の国語辞典でも説明されている。英語だったらrightは「右」と「正しい」のように、発音はまったく同じだけど、意味が違うものを指す。だがwriteは音が同じでも意味が違うのに加え、綴りも違う。この違いが二項対立なのか。さしあたり、もうすこし細かく分ける必要がありそうだ。

最初に確認しておきたいのは、意味は違うのが前提であり、そのうえで音や文字が重なり合っていることだ。何もかも違っていたら、お話にならない。形が違って意味が同じだったら類義語だが、ここでは関係ない。

意味は違うけれど音が同じ語には、字や綴りまで同じものもあれば、違うものもある。そこで音も字も同じものを同字同音異義語、音は同じでも字は違うものを異字同音異義語として分けてみよう。アルファベット表記の言語では、同字や異字というよりも同綴や異綴なのだが、「どうてつ」「いてつ」という読み方も含めてすこし難しいので、ここでは同字や異字に統一する。

「右」も「正しい」もrightというのは、同字同音異義語である。bankの「銀行」と「土手」、kindの「種類」と「親切な」のようなものがこれにあたる。辞書などでは見出し語に番号をつけて区別していることが多い。

ロシア人の自慢はмирである。キリル文字で表記することになるが、これだけは紹介したい。「ミール」と読んで「ル」は巻き舌だ。この単語には「世界」と「平和」の二つの意味がある。実は「世界」のほうは古くは別の単語だったところ、歴史的な経緯によって現代語では同字同音異義語になっている。この二つを使ったスローガンが「世界に平和を」Миру мир!（発音はミールゥ・ミール）で、はじめの単語は「世界」の与格「に」の形、あとのほうは「平和」の対格「を」の形なのである。

一方で、英語のrightとwriteのように、音は同じだけど綴りが違うのが異字同音異義語である。他にもflower「花」とflour「小麦粉」とか、son「息子」とsun「太陽」とか、meet「会う」とmeat「肉」など、初級段階から覚えなければならない語がたくさんある。日本語でも異字同音異義語は「雲」と「蜘蛛」、「強調」と「協調」、「体系」と「体型」など非常に多い。「雨」と「飴」のようにアクセントによって区別できるものもあるが、そうではないものも多い。

さて、同音異義語は同字と異字の二つの対立に限らない。組み合わせとしては同字異音異義語が考えられるからである。

同字異音異義語とは、英語だったら綴りは同じだけど発音も意味も違う単語なので、探すのがちょっと難しい。pensionを「ペンション」と発音すれば「年金」、「パンスィオン」と発音すれば「下宿」という例はぴったりだ。他にもrecordのようにアクセントがeにあれば名詞として「記録」、oにあれば動詞として「記録する」なんていうものもある。

日本語の同字異音異義語は、同じ漢字だけど読み方が違っている例として考えれば、金を「かね」と読むか「きん」と読むかなど、意外と多い。

人気のない遊園地　（にんき／ひとけ）
何人が来ましたか　（なんにん／なにじん）
十分待った　（じっぷん／じゅうぶん）

文章を書く仕事をしていると、このような同字異音異義語は誤解を招く恐れがあるので、いつも気をつけている。わたしは「じゅうぶん」を「充分」と表記することに決めている。また動詞が活用した結果、「行った」が「いった」なのか「おこなった」なのか分からなくなるので、「おこなった」のほうはひらがなにしている。

このように字が同じか違うか、音が同じか違うかという二つの基準があるので、二項対立にはならない。三つの分類をまとめると次のようになる。

同字同音異義語　right, bank, kind…
異字同音異義語　flower/flour, son/sun…

同字異音異義語　pension, record…

当たり前だが、異音異字異義語は立てられない。音は違うけれど綴りと意味が同じという financial「フィナンシャル／ファイナンシャル」のような同字異音同義語も考えられるが、最初に断っておいたように同義は対象外なので、これもここには含めない。

同字同音異義語は日本語の場合、漢字などで区別できるために少ないが、一方で異字同音異義語が非常に多く、なかでも私立と市立、科学と化学のように、似たような場面で使われる組み合わせはなんとも厄介である。そこで「わたくしりつ」と「いちりつ」のように区別することもある。化学は「ばけがく」ともいうが、科学はどうなんだろうか。辞書については、ことばの意味や語法に関する情報が載っているものを辞典、事柄に関する情報が載っているものを事典といい、発音すればどちらも「じてん」になってしまうので、前者を「ことばてん」、後者を「ことてん」といって区別するのだが、一般には知られておらず、その使い分けもあやふやである。

外国語学習では広い意味での同音異義語を区別することに加え、似ているものにも気をつけなければならない。right と light、base と vase などは、ネイティブスピーカーにしてみればまったく別の音だし、言語学でも違う音素と捉えているから、そもそも問題にもならない。だが日本人にとってはまぎらわしいので、注意する必要がある。最近の辞書では同音異字異義語と並んで、似ている語まで挙げてくれていたりする。あまりに親切すぎて過保護にも思えるのだが、学習者は感謝しつつこれを覚えていってほしい。

新しく作り出せるか

「お金」「お祭り」の「お」や、「楽しさ」「嬉しさ」の「さ」のように、単独では使えないけれど、中心となる語にくっついて使うものを**接辞**という。そのうち「お」のように単語の前につくのが接頭辞で、後につくのが接尾辞である。さらに中心となる語の途中に割り込む接中辞を持つ言語もあるという。

このような接辞には、いろんな単語に広くつけられるものと、そうでないものがある。接頭辞のうち、丁寧さを示す「お」はとくに広く使われる。「おはなし」や「おこめ」のような和語だけでなく、「お料理」や「お勘定」のような漢語にもつけられるし、「おトイレ」「おビール」のような外来語にすらつく場合がある。最後の「おビール」については違和感を覚える方もあるようだが、現実には接客の世界を中心に頻繁に使われている。このように広く使えて、さらに新しい語にもつけられるものを、言語学では**生産的**という。

ただし語頭の「お」がすべて接頭辞というわけではない。「おかず」や「おもちゃ」から「お」は取り去れない。「おはじき」から「お」と取るとアブナイ隠語になる。

「お」がついたために同音異義語となって誤解が生じる場合もある。かつて日本の某観光地の茶店で、トンチンカンな会話を聞いた。音が肝心なので、そのためにポイントはあえてローマ字で記す。

客人「あの、odenwa、ありますか」
店員「すみません、冬しかやっていないんですよ」

つまり客人は「お電話」のつもりでいったのだが、店員は「おでんは」と誤解してしまったのである。コントだったら決して出来がいいとはいえないが、このようなダジャレみたいな会話が、わたしの目の前で実際に起こったのである。そばで聞きながら、笑うよりも感心してしまった。事実は小説よりも奇なり。

何も電話に「お」をつけることはない。だが「お」は生産性が高いので、つい使ってしまうのである。むしろ「お」を使ってはいけない場合を考えてみるといいかもしれない。わたしの経験では、今のところワインに「お」をつけたのは聞いたことがない。これはその音の組み合わせが、イメージのよくない別の単語を想起させるためだろう。「お」分かりですよね？

一方で、限られた語にしかつかない接辞は**非生産的**であるという。

非生産的な接頭辞の例がないものか、あれこれ資料を探していたら「か」を採り上げているものがあった。「か」はちょっと見聞きしただけでそういう印象を強く与える意味を持っているのだが、「か弱い」と「か細い」以外はほとんど使われないと書いてある。そういわれるとなんだか悔しくて、何かないものかとあれこれ頭を捻ってみたのだが、どうにも浮かばない。国語辞典（ことばの意味や語法に関する情報なので「ことばてん」）を調べてみたら、さらに「か黒い」と「かやすい」が挙がっていたのだが、わたしの語彙にはなく、使ったことがない。

何が「ふつう」なのか

生産的と非生産的では、二項対立の用語というより、一方の性質を他方が持たないといった対立なので、これまでとはちょっと違うかもしれない。だが言語学でもこのようなAに対して非Aといった関係は、しばしば用いられる。

たとえばある特徴を持っているかいないか、あるのかないのか。そういう観点から分類するとスッキリ整理されることがある。そのとき、特徴のないものを無標、あるものを有標という。

無標と有標の区別は、二項対立の好きな音韻で使われることからはじまった。それが拡大されて、文法についても用いられている。だが外国語学習では、語彙について無標か有標かという視点で考えると、理解の助けとなる。

たとえば「焼き肉」。最近では鳥肉や豚肉を出す店も多いようだが、基本は牛肉である。だが「焼き」と「牛」を組み合わせた語はない。つまり肉といえば牛なのだ。一方で「焼き鳥」や「焼き豚」はある。この発想からすれば牛は無標で、鳥や豚は有標である。

無標と有標がとくに顕著なのが男女の区別である。スラブ諸語の名詞は、男性を表すときと女性を表すときでいちいち違う単語を使う。チェコ語の「学生」は男性が student で女性が studentka、「作家」は男性が spisovatel で女性が spisovatelka、職業名だけでなく民族名も同様で、「日本人」は男性が Japonec で女性が Japonka である。比べてみると、女性を表すほうはどれも最後に ka が加わっているが、すべてそうとは限らず、「大臣」は男性が ministr に対して女性は ministryně など、いろんな接尾辞がある。いずれにしても、そういう単語の多くは男性を表す名詞に何か接尾辞をつけて女性を表す名詞を作っている。つまり男性が無標で、女性が有標なのである。

日本語にもその傾向がある。職業などでかつて男性が中心だったものに対して、「女流」などをつけて女性であることを示す。女流作家、女流詩人といった具合だ。《男流》ということばはない。他にも「女」をつけて女剣劇とか女浄瑠璃《じょうるり》と表現する。反対に「男」をつけるものは男やもめなど限られる。ただし女やもめという表現もある。

要するに無標は「ふつう」ということである。それに対して有標は「特徴のある」「目立っている」ことになる。家事をしたり、子育てをしたりする男性を最近では「イクメン」と名づけているが、それに対する女性の表現がない。つまりこちらは女性がふつうで、男性が特徴的と見なされるからだろう。

現代日本語では男性を無標、女性を有標とする表現が改められつつある。書店では「男性作家」「女性作家」のように分けてあるのが一般的だ。だいたい女流作家なんて今どき使わない。それでも著者が男性か女性かで分けることは相変わらずで、わたしには不思議でならない。一般には男女で語彙を変えることが減り、共通に使えるものが増えている。看護婦をやめて男女両方に使える看護師を採用したのも、その一例だ。

だからチェコ語などのスラブ諸語学習者は和訳するとき、よほど必要のない限りは接頭辞「女」をつけなくてよい。「女生徒」とか「女子大生」とか、さらには「女教師」などというアヤシゲな造語はいらない。にもかかわらず、そんなふうに訳す学習者が多いのである。

性に関する問題に対する社会の態度は、大きく変わろうとしている。二者択一といえるかどうかさえ、すでに疑問である。無標と有標の区別がなくなったときが、本当に公平な世界なのではないか。

外国語に関していえば、英語が無標で、それ以外のあらゆる外国語が有標とされている。拙著『外国語をはじめる前に』（ちくまプリマー新書）に対して、英語学習法とばかり思っていたら完全にミスリードされたという高校生の感想があったが、まさに典型である。どちらが多数派なのかという問題ではない。物事をどのように見るか。無標と有標という色眼鏡で見ていないか。

このように二項対立はなかなか便利だが、その扱いには気をつけないと視野を狭めてしまったり、第三のグループを無視しようとしたりする危険性もある。人生の選択肢が常に二つとは限らない。人生と同様に、言語もまた複雑なものなのである。

終章

浪漫主義言語学への招待

科学的すぎる言語学？

現代の言語学には、いろんな考え方がある。

文献中心の伝統的な言語学は、言語を文化や文学を担うものとして研究する。文字によって記された資料を手がかりに、民族の精神文化を明らかにすることが究極の目標である。

フィールド調査を中心におこなう言語学は、調査の行き届かない個別の言語を調べて分析し、その構造を解明する。自分自身で調査することが最重要と考え、すでに辞書や文法書がある言語は研究対象にならないとまで言い切る研究者もいる。

心の在り方を探る言語学は、個別ではなく、あらゆる言語に通じる普遍的な文法を追究する。こちらはデータが命で、データさえあればその言語を知っていようがいまいが、研究するうえでは関係ないという。一定の法則ですべての言語現象を説明しようと、目下のところ複雑な理論を展開中である。

こういった分野にはそれぞれ多くの研究者が存在し、世界中で研究が続けられ、今日も多くの論文が発表されている。大学でおこなわれる言語学の授業も、こういった学問的な姿勢のどれかで語られる場合が多い。

多様であることは悪くないのだが、わたし自身はどうかといえば、実はどれにも当てはまらない。語学教師としてはじまり、すでに辞書も文法書もある複数の言語に取り組んできた者にとっては、既存の分野にやりたいことがなく、居場所の見つからない状態が長らく続いている。

とくに「フィールドの言語学」や「心の言語学」は、わたしには科学的すぎて、ついていけない。

科学を否定するわけではない。反知性主義でもない。だが正確さだけを追究して複雑な表や数式を駆使し、理論武装して論争を挑むのがどうにも苦手なのである。それが人文科学だろうか。

言語を学んだり調べたりすることは喜びに満ち溢《あふ》れている。ところが喜びについてはどの言語学でも認められていない。どうして喜びを隠さなければならないのか。わたしには分からない。激しい論争を通して解釈の妥当性を高めることだけが、科学ではないはずだ。いっしょに楽しんだり、面白がったり、あるいは行き詰まったときに救いの手を差し伸べてくれるような、そういう言語学を追い求めてみてもいいのではないか。

そんなわたしの方法は、ロマン主義だといわれる。

ロマン主義は本来、十八世紀末から十九世紀にかけてヨーロッパに興った文学や芸術上の思想である。合理主義ではなく、感情や個性や自由を大切にする態度が、わたしの言語学にも共通するというのである。なるほど。

では「浪漫主義言語学」というのを新たに作ってみたらどうか。古典を大切にしたいわたしだから、「ロマン」よりも「浪漫」と漢字で表記するほうがふさわしい気がする。

そして浪漫主義言語学こそが「外国語の隠し味」なのかもしれない。

複数の外国語を中心に

わたしの考える浪漫主義言語学について、その条件を考えてみた。

まず外国語を学ぶこと。これは絶対に欠かせない。母語を無視するわけではないが、いろんな言語におけるさまざまな現象を知ったうえで、改めて母語に向かうから面白いのである。母語しか知らないのは、井の中の蛙《かわず》にすぎない。

外国語を学ぶといっても、ただ構造を知っているだけではダメである。概説を部分的に読んだくらいで、言語が分かるはずがない。現代の言語学の論文では、例文にある個々の単語の下に、訳と文法の注解が付されている。これをグロスというのだが、最近はグロスさえあれば、あらゆる言語現象が理解できると錯覚している人がいる。個々の言語にきちんと向かわずに論文が読めるとは、わたしにはどうにも信じがたいのだが。

学ぶ外国語は一つでは足りない。いくつか学ぶ必要がある。たった一つの外国語を母語と対比させる二項対立は、これまでにさんざんやってきたので、もう充分である。そもそも世界には言語が数多く存在するのだから、それを無視して二つに絞ってしまうと、現実が見えなくなる。すべてを学ぶことは不可能だけど、複数の外国語に触れながら、言語について考えていきたい。かつて「複数言語学」を提唱したこともある。

学ぶ外国語の数は多ければ多いほどよい。タイプの違う言語をあれこれ学ぶのもいいが、たとえ同系であっても侮ってはいけない。同じ語族で同じ語派、さらには同じ語群であっても、いろいろと違うものだ。たくさんの外国語を学びながら、個々の現象を大切にする。他の言語と安易に比べることは慎みたい。共通点よりも相違点に注目する。多様さこそが面白いのである。

たくさんの外国語のなかには、古典語も含まれている。ロマン主義は古典主義を排除するようだが、浪漫主義言語学は時代を超えて、あらゆる言語を大切にしていきたい。また方言も忘れてはならない。方言は個人にとってかけがえのないものだ。首都で話されていることばだけを「本場」と考えるような心の狭い態度は慎みながら、お互いの方言を尊重する。

以上を踏まえたうえで、浪漫主義言語学では言語は完全に説明し尽くすことが不可能であることを自覚していきたい。言語は時々刻々と変化する運命にある。捕まえたと思った途端にスルリと逃げてしまう。だから気長に、しかも謙虚につき合うしかない。

こんなことをいっていては、研究論文は書けない。しかし浪漫主義言語学は研究のために存在するのではない。外国語を学びながら母語について改めて考える人に、ほんのすこしのポイントを提供していく。あとはそれぞれが諸言語に対して柔軟に向き合っていけば、それでいいのである。

研究だけが言語学の役割ではないはずだ。

不必要なものと必要なもの

浪漫主義言語学の研究を志して、大学院に進もうとしても無駄である。大学院では「フィールドの言語学」か「心の言語学」が中心だし、わたしは大学院では教えていない。そもそもそんな分野は認められていない。

認められなくても構わない。浪漫主義言語学はそんなに大袈裟なものではなく、隠し味なのである。外国語を学ぶためのスパイスにすぎない。基本を身につけたら、あとはどんどん具体的な外国語を学ぶほうがいい。

浪漫主義言語学に馴染まないものがいくつかある。

まず検定試験はいらない。検定試験は外国語学習のペースメーカーのように重宝がられているようだが、使い方を間違えると危険である。はじめは外国語能力を満遍なく伸ばすつもりでいたのに、いつの間にかスコアを上げることだけに心血を注いでしまう。ハイスコアを叩き出した者は安心して勉強しなくなるし、点数の低い者はスコアを上げることだけを目指して試験を受け続け、本当の勉強がやはり疎かになる。

外国語能力は本人が把握していればいいのであって、他人に誇示する必要はない。なまじスコアがあると、人は競争してしまう。競争は浪漫主義言語学が目指すものではない。外国語学習で文法や語彙を身につけながら、ことばの背景を学んだり、本を読んで知識を増やしたりするときに、競争はかえって邪魔である。

留学も不要である。ことばを学ぶためには現地での経験が不可欠と考えている人は、古典語を完全に無視している。あるいはメジャー言語しか念頭にないから、どんな国でもお金さえあれば出かけて勉強できるものと信じ込んでいる。だが世界には留学どころか、外国人が立ち入ることさえ難しい国や、天災や戦乱で生活そのものが大変な地域だってあるのだ。

それ以前に、外国語は現地に行かなくても学べる。長い時間をかければ、自宅で勉強しても相当な効果が上げられる。外国語学習は何年もかけなければ上達しない。お金を注ぎ込んで留学したところで、たいして時間の短縮にはならない。一年の滞在で身につくのはやっぱり一年分の知識である。しかも言語は変化する。一、二年かけて集中的に学んだところで、その先ずっと使えるわけではない。勉強を続けなければ、留学中に学んだ外国語なんてすぐに古くなる。

それでも言語の習得のために留学したいというのなら、高校時代に行くといい。教え子たちの中で留学の効果が感じられるのは、卒業が遅れるにもかかわらず高校時代に果敢に現地体験を果たした者たちに限られる。大学では留学に振り回されずに、じっくりと腰を据えて勉強ができる。大学生が海外で学びたければ、一、二か月の語学研修で充分である。いちばんいけないのが仕事を辞めて留学することで、わたしはくり返し諫《いさ》めているが、残念ながら聞いてもらえない。

現地に行きたければ旅行をすればいい。自分の目指す国に何度も足を運ぶのは大切なことである。その場合、まとめて一年滞在するよりも、二、三年に一度くらい定期的に通うほうが、浪漫主義言語学にふさわしい教養が身につけられる。そのためには、ふだんから現地の情報にアンテナを張ることも必要だ。その積み重ねが外国語の理解を深める。

さらに浪漫主義言語学では、もっと本を読んでほしい。

本を読む、話を聴く

わたしが考える浪漫主義言語学は、読むことが中心である。外国語学習者の多くは会話を目指すが、見知らぬ人に道を教えて、おかげで感謝されて嬉しいなんていうのは、早く卒業してほしい。よい友だちと巡り合って深く話し合うことも大切だが、そうなると焦点は徐々に言語から人間関係へと移る。気心が知れるようになれば、よほど意識しないかぎり、言語から自然と遠ざかってしまう。

だが読書は言語から永遠に離れない。古典から現代までさまざまな書物に広く触れることは、外国語学習の究極である。時間をかけてさまざまなテキストを読むことを通して、ゆっくりと理解を深めていけばいい。

その際、ことばを切り刻んではいけない。言語学のなかには、文脈を無視した都合のいい例文ばかりをコーパス（コンピュータによる言語資料）から集めたり、分析のために非現実的な文を勝手に作ったりしている分野もあるが、教科書や文法書など教育目的ならともかく、そんなことをしても理解は深まらない。ことばは文脈の中で生きている。浪漫主義言語学の対象は生きていることばである。ちゃんとした文脈の中では、古典語だって生きている。とくに文学や小説などフィクションを読んでほしい。役に立つ情報からしばしば離れ、言語文化の奥行きを感じることが、外国語学習には欠かせない。検定試験で得られない喜びがここにある。

ドキュメンタリーも悪くはない。ただし、どんな内容でも書かれたものにはすべてフィクションの要素があることを忘れないでほしい。人が語ることが完全に客観的であることはありえない。真実はいつも一つではないのである。

わたしが興味を持っているのがライフヒストリーだ。

ライフヒストリーは社会学の方法である。はじめて触れたのは、赤嶺淳《あかみねじゅん》『クジラを食べていたころ——聞き書き 高度成長期の食とくらし』（新泉社）だった。書店の棚で偶然に見つけたのだが、これがすこぶる面白い。

この本は名古屋市立大学人文社会学部の授業の課題から生まれたという。大学二年生から四年生までの学生が、主として自分の祖父母に話を聴いてまとめたものである。テーマは高度経済成長期の変化の諸相を「食」の観点から切り取ることで、わたしのように給食でクジラの竜田揚げを食べた世代には、それだけでも充分に興味深い。だが読み進めていくうちに、まったく別のことに気づいた。

このような聞き書きもまた、生きたことばではないか。

聞き書きをまとめた学生は、誰もが懸命にことばを書き留めている。はじめて聞き書きに挑戦した者も少なくないというが、だからこそ愚直なまでに忠実に書き留めようと心がけ、おかげで地域方言を交えながら語る老人たちのことばが生き生きと伝わってくる。

言語そのものが目的でないからこそ、ことばが見事に再現されるのかもしれない。

言語調査は研究が目的なので、下手をすると不自然だったり文脈がなかったりする文が被験者に提示されてしまう。「これはいうか、それともいわないか」と選択を迫られ続ければ、聞かれたほうもいい加減ウンザリしてくる。それでよい結果が出るのか。

そもそも言語調査は繊細なものである。ある単語を調べるためには、そのものズバリをいうのではなく、条件を設定して相手から引き出さなければならない。「モノモライのことをあなたの地方では何といいますか」のような誘導尋問はダメだ。だからといって麦粒腫《ばくりゅうしゅ》なんていう専門用語を使っても、一般には理解できない。「まぶたの周りにできる小さなおできを何といいますか」のように、上手に聞き出すことが大切である。言語に対する意識調査でもそうで、「あなたにとって◎◎語とは何ですか」などと直球の質問をしても、何かが得られるわけがない。

どんなに上手に聞き出せたところで、調査はあくまで調査である。被験者はことばを求められていることを意識せざるをえない。それより別の調査として話を聞きながら、そのことばが調べられたら、それがいちばんいいのではないか。そんな夢想が広がった。

浪漫主義言語学は研究が目的ではないので、言語調査は関係ない。それでも人の話に耳を傾けることは大切にしたい。会話重視の外国語学習は、自分のいいたいことばかりを投げかけて、相手の話を聴いていない。それでは「会話のキャッチボール」ではなくて「会話のバッティングセンター」である。

話を聴くことと本を読むことは基本的に変わらない。相手が伝えたい内容を、静かに正確に受け止めるために努力する。それは相手を尊重することにも繋がる。

発信ばかりしたがる空虚な外国語会話の対極にあるのが、浪漫主義言語学なのである。

おわりに――ことばのシェフとして

本書のはじめで、わたしは外国語学習を料理に譬えた。語彙が食材、文法が調理法、一部の品詞がスパイスで、さらに言語学という隠し味をどうやって使えばいいか、その方法をあれこれ紹介してみた。

つまり、わたしは「ことばのシェフ」なのである。

ではシェフとして目指しているものは何か。それはたった一つ、「おいしさ」だけだ。ことばの場合には、それが「楽しさ」に代わる。

ことばのシェフは楽しさを伝えることが使命である。そのためには自らことばを駆使して、こんなふうに本も書く。だが言語学入門書だけではない。学習者をサポートするために外国語の参考書も書く。さらに実践例として、教え子たちや自分自身について書くこともある。

そのなかに楽しさを織り込んでいく。

ときには教えることもある。シェフが料理学校で指導に当たるように、「ことばのシェフ」も大学や市民講座で先生となり、言語学の考え方に触れながら外国語の楽しさを語る。受講生が外国語の楽しさに気づき、勉強を続ける動機となることを願いながら、今日も授業をおこなう。楽しい話をするためには、日頃からネタを集めることが不可欠で、そのために読書をしたり人の声に耳を傾けたりする。

大学の先生すべてがことばのシェフとはかぎらない。なかには「ことばの栄養士」に近い人もいる。栄養士が食材を分析し、調理法を再検討し、どうすれば健康が維持できるか、栄養をバランスよく摂取できるかを日々研究するように、ことばの栄養士も語彙を分析し、文法を再検討し、どうすれば世界中の言語の共通点が解明できるか、外国語を効果的に習得できるかを日々研究している。このような研究は実際に役立つことが多い。

ところが、わたしというシェフは「おいしさ」しか考えていないものだから、ときには偏っていたり、バランスが悪かったりする。目指すものが違うから仕方がない。それが高じて浪漫主義言語学なんてものまで勝手に作ってしまい、呆《あき》れている読者もいることだろう。すみませんねえ。ことばのダイエットとか代謝《たいしゃ》促進、筋肉増強といった役に立つことに興味のある方は、ことばの栄養士が書いた本を読んでください。

本書のキーワードは「考え方」である。すでに定着した言語学の術語をヒントに、学習者一人一人がことばについて考え、それを外国語学習に活かす。人から押しつけられたものではなく、自分に合った学習法が見つかれば、ゆっくりでも着実に勉強できる。そのためのヒントを書いてみたのである。

中公新書編集部の小野一雄さんは、雑誌記事の取材を通して知り合ったのだが、それから五年以上かけておつき合いくださった。いろいろ話し合うなかから生まれたのが「浪漫主義言語学」である。このアイディアをいつか一冊まとめてみたいという願いが、今回やっと叶《かな》った。ここに深く感謝したい。

二〇一六年一月

黒田龍之助

索　引

＊本文中に太字で示した語は索引でも太字とした.

黒田龍之助（くろだ・りゅうのすけ）

1964年（昭和39年），東京都に生まれる．上智大学卒業．東京大学大学院修了．東京工業大学助教授，明治大学助教授などを経て，現在，神田外語大学特任教授，神戸市外国語大学客員教授．専攻，スラブ語学，言語学．

著書『ウクライナ語基礎1500語』（大学書林）
『ロシア語だけの青春』（現代書館）
『ロシア語のかたち』『ロシア語のしくみ』『ニューエクスプレスプラス ロシア語』『もっとにぎやかな外国語の世界』『寄り道ふらふら外国語』『外国語の水曜日再入門』『ロシア語の余白の余白』（白水社）
『はじめての言語学』（講談社現代新書）
『語学はやり直せる！』（角川 one テーマ21）
『ぼくたちの英語』『ぼくたちの外国語学部』『初級ロシア語文法』（三修社）
『ポケットに外国語を』『その他の外国語　エトセトラ』『世界のことば　アイウエオ』（ちくま文庫）
『物語を忘れた外国語』（新潮文庫）
など

外国語《がいこくご》を学《まな》ぶための言語学《げんごがく》の考《かんが》え方《かた》
中公新書 *2363*

2016年 2 月25日初版
2021年11月30日再版

著　者　黒田龍之助
発行者　松 田 陽 三

本文印刷　三晃印刷
カバー印刷　大熊整美堂
製　　本　小泉製本

発行所 中央公論新社
〒100-8152
東京都千代田区大手町 1-7-1
電話　販売 03-5299-1730
　　　編集 03-5299-1830
URL http://www.chuko.co.jp/

Published by CHUOKORON-SHINSHA, INC.
Printed in Japan　ISBN978-4-12-102363-6 C1280

中公新書

言語・文学・エッセイ

j1